박
재
희

JN079890

인문학공부마을 석천학당 원장. 어려서부터 조부에게 한학을 배웠으며, 성균관대학교 동양철학과를 졸업하고 동 대학원에서 동양철학 박사학위를 취득했다. 국역연수원(현 고전번역원)을 졸업하고, 중국사회과학원 철학연구소에서 도가철학을 연구했다. 한국예술종합학교 전통예술원 교수, 포스코전략대학 석좌교수, 민족문화콘텐츠연구원장을 역임했다. KBS 제1라디오 〈시사고전〉을 7년 동안 1,577회 방송했고, EBS 〈손자병법〉, KBS 〈아침마당〉, 삼성경제연구소 SERICEO에서 강의했다. 저서로 《3분 고전》《1일 1강 논어 강독》《1일 1강 도덕경 강독》《고전의 대문 1~2》 등이 있다.

동양철학의 지혜와 통찰을 현대적 시각과 눈높이에 맞춘 명강의로 전 국민을 고전의 매력에 빠지게 만들며 국민훈장이라는 칭호를 얻었다. 지루하고 따분하다는 고전에 대한 고정관념을 깨고 청소년부터 CEO에 이르기까지 학교와 기업에서 동양철학 열풍을 일으켰다. 지금도 그의 강의에 매료된 사람들이 매달 매주 홍천 석천학당에 모여 동양철학을 공부하고 있다.

박재희의 아침을 여는 고전 일력

1판 1쇄 발행 2023년 11월 6일 **1판 4쇄 발행** 2024년 1월 15일

지은이 박재희

펴낸이 박강휘·고세규 **편집** 박보람·이한경 **디자인** 조명이 **마케팅** 고은미 **홍보** 이한솔 **발행처** 김영사

등록 1979년 5월 17일(제406-2003-036호) **주소** 경기도 파주시 문발로 197(문발동) 우편번호 10881

마케팅부 전화 031)955-3100 **편집부 전화** 031)955-3200 **팩스** 031)955-3111

저작권자 ⓒ 박재희, 2023

ISBN 978-89-349-7809-1 00140

홈페이지 www.gimmyoung.com **블로그** blog.naver.com/gybook

인스타그램 instagram.com/gimmyoung **이메일** bestbook@gimmyoung.com

오늘 하루, 변화의 힘을 고전에서 찾아봅니다.
익숙한 것과 과감하게 결별하고,
기본에 충실한 나를 만납니다.
천 리 먼 길도 한 발짝에서 시작됩니다.

박재희

불 보 기 왕
不保其往

그 사람의 지난날 모습을
가슴에 담고
만나서는 안 된다.

《논어》

우리는 사람을 만나면 그의 학벌과 출신, 과거를 자꾸 들춰내려고 합니다. 그러나 그 사람의 지금 모습이 중요하지 지난날의 모습에 연연해서는 안 되겠습니다. 누구나 새로운 모습으로 다시 태어날 수 있습니다.

不 아니 불 | 保 보존할 보 | 其 그 기 | 往 지나갈 왕

1월

소 극 침 주
小隙沈舟

작은 틈 하나가
배를 침몰시킨다.

《관윤자》

큰 둑이 터지는 것은 작은 구멍에서 시작되고, 한 나라가 망하고 없어지는 것도 작은 부정에서 시작된다고 합니다. 그러니 아무리 작은 일이라도 쉽게 보아 넘겨서는 안 됩니다. 늘 조심하고 미연에 방지할 때 다가올 큰 위기를 넘길 수 있습니다.

小 작을 소 | 隙 틈 극 | 沈 가라앉을 침 | 舟 배 주

곡 신 불 사
谷神不死

계곡의 정신은
마르지 않는다.

《도덕경》

가뭄이 들어 세상이 모두 타들어가더라도 마르지 않는 곳이 있습니다. 바로 계곡입니다. 가장 낮은 곳에 있기 때문이지요. 낮은 곳으로 임하는 계곡의 정신이야말로 변화무쌍한 세상에서 살아남을 수 있는 경쟁력의 원천입니다.

谷 골 곡 | 神 정신 신 | 不 아니 불 | 死 죽을 사

발 분 망 식
發憤忘食

마음속에 강한 욕구가 일어나 밥 먹는 것도 잊고 일에 몰두한다.

《논어》

공자는 스스로를 이렇게 묘사했다고 합니다. 참으로 멋진 삶의 모습입니다. 일에 빠지면 먹는 것도 잊고, 한번 몰입하면 모든 근심을 잊을 수 있는 사람이라면 나이와 상관없이 언제나 청춘입니다.

發 일어날 발 | 憤 흥분할 분 | 忘 잊을 망 | 食 먹을 식

_{위 도 일 손}
爲道日損

도를 닦는 것은
날마다 비우는 것이다.

《도덕경》

내가 가진 고집과 편견을 비우고, 내가 이룬 부와 명예를 나누고, 내가 쌓은 성공에서 한 발짝 물러나는 것이 채우고 쌓는 일보다 위대할 수 있습니다. 채운 사람만이 비울 자격도 있다는 것을 잊어서는 안 됩니다.

爲 할 위 | 道 길 도 | 日 날 일 | 損 덜 손

<한 우 하 외>

何憂何畏

무엇을 근심하고,
무엇을 두려워할 것인가?

《법구경》

무언가를 좋아한다는 것은 집착한다는 뜻이고, 집착이 강해지면 잃을까 걱정되어 두려워지기 마련입니다. 인생을 살아감에 근심이 없을 수는 없지만 지나친 애착과 집착만 버려도 인생의 무게가 한결 가벼워질 것입니다.

何 어찌 하 | 憂 근심 우 | 畏 두려울 외

오 미 구 상
五味口爽

맛있는 음식은
사람의 입을 상하게 한다.

《도덕경》

현대사회는 더 화려한 색, 더 세밀한 소리, 더 맛있는 음식으로 사람을 유혹합니다. 그러나 욕망을 좇다 보면 잃어버리는 것도 있기 마련입니다. 순간적인 감각에 사로잡히는 것이 아니라 순수한 영혼을 채우는 것이 현명한 사람들이 살아가는 방식입니다.

五 다섯 오 ┃ 味 맛 미 ┃ 口 입 구 ┃ 爽 망가질 상

경 당 문 노
耕當問奴

농사일은
농부에게 물어야 한다.

《송서》

세상에는 그 분야 전문가가 있기 마련이고, 전문성과 경험을 갖춘 사람에게 일을 맡겨야 일이 잘 성사될 수 있습니다. 분야의 전문가를 찾아 믿고 맡기는 것이야말로 최상의 리더가 해야 할 일입니다.

耕 **밭 갈 경** | 當 **마땅 당** | 問 **물을 문** | 奴 **종 노**

^{조 묘 장 묘 즉 고}
助苗長 苗則槁

모를 억지로 자라게 하면
말라버리고 만다.

《맹자》

모든 일에는 순리가 있는데 그 순리를 거슬러 조급하게 억지로
일을 처리하면 일을 망치게 됩니다. 부모가 자식을, 사장이 직원을
돕겠다는 마음이 '억지로 돕는 것'은 아닌지 경계해야 합니다.

助 도울 조 | 苗 싹 묘 | 長 기를 장 | 則 곧 즉 | 槁 마를 고

탁 위 인 언
托爲人言

다른 사람의 말이라고
의탁하여 말한다.

《선조수정실록》

자신의 생각이라고 말하면 누군가가 의문을 제기하거나 부정할 수 있기 때문에 다른 사람의 말이라고 포장하여 자신의 주장을 관철하는 사람이 있습니다. 그러나 사적인 이익을 민의라고 포장해 부정과 비리를 저지른다면 하늘이 가만있지 않음을 반드시 명심해야 합니다.

托 밀 탁 | 爲 위할 위 | 人 사람 인 | 言 말씀 언

다 언 삭 궁
多言數窮

말이 너무 많으면
자주 궁지에 몰린다.

《도덕경》

지도자가 시시콜콜 말이 많으면 궁지에 몰릴 수밖에 없습니다. 말이 많다고 상대방을 설득시킬 수 있는 것은 아닙니다. 오히려 말 없는 가르침이 사람들을 더 효과적으로 설득하고 자발적으로 리더의 비전을 따르게 만듭니다.

多 **많을 다** | 言 **말씀 언** | 數 **자주 삭** | 窮 **궁할 궁**

行不由徑

지름길을
선택하지 말라.

《논어》

공자는 정법으로 공직에 임해야지 공직을 이용해 사적인 일을 처리해
서는 안 된다는 원칙을 천명했습니다. 비록 멀고 돌아가더라도 반드시
정당한 길로 가라! 너무나 당연하지만 제대로 알고 실천하기란 그리 녹
록지 않습니다.

行 갈 행 | 不 아니 불 | 由 말미암을 유 | 徑 지름길 경

풍 연 목　목 연 심
風憐目 目憐心

바람은 눈을 부러워하고
눈은 마음을 부러워한다.

《장자》

세상의 모든 존재는 어쩌면 서로를 부러워하는지 모르겠습니다. 상대방의 지위와 부,
권력을 부러워하면서 늘 자신을 자책하기에 세상살이가 힘든 것이지요. 그러나 자신
안의 아름다움을 발견하는 사람이 진정한 아름다움에 가까워질 것입니다.

風 바람 풍 | 憐 부러울 연 | 目 눈 목 | 心 마음 심

요 원 지 화
燎原之火

들판을 태우며
번져나가는
무서운 기세의 불.

《서경》

이 구절은 상나라가 수도를 옮기려 할 때 천도를 반대하는 사람들의 여론이 거세게 번져나갔다는 이야기에서 유래했습니다. 각종 소식에 지나치게 귀 기울이지 않고 자신만의 중심을 유지하며 살아가는 것이 그 어느 때보다도 중요한 요즘입니다.

燎 **불꽃 요** | 原 **들판 원** | 之 **의 지** | 火 **불 화**

책 인 지 심 책 기
責人之心責己

남을 꾸짖는 마음으로
나를 꾸짖어라.

《명심보감》

내가 하면 괜찮고 남이 하면 안 된다는 생각을 버리고, 나에게 관대한 마음으로 남을
용서하고, 남을 꾸짖는 마음으로 나를 돌아보는 자세가 필요합니다. 남에게 너그럽고
나에게 엄격한 사람이 군자입니다.

責 꾸짖을 책 | 人 사람 인 | 之 의 지 | 心 마음 심 | 己 자기 기

인 지 생 직
人之生直

인간이란 존재가
살아 있다는 것은
곧게 서 있다는 것이다.

《논어》

인간이 늙어간다는 것은 나이나 얼굴만 변하는 것이 아니라 꿈을 잃고 누워서 곧게 서지 못한다는 것입니다. 누워서 영영 일어나지 못한다면 인생의 끝이 다가온다는 뜻이겠지요. 인간은 곧게 서 있는 존재로서 무언가를 끊임없이 추구하는 존재여야 합니다.

人 사람 인 | 之 의 지 | 生 살 생 | 直 곧을 직

우 직 지 계
迂直之計

돌아가는 것이
곧장 가는 것보다 빠르다.

《손자병법》

세상은 때로 곧장 가기보다 우회할 때 더욱 아름답습니다. 처음에는 돌아가는 것이 힘들고 고되지만 마침내 더 나은 결과를 얻게 되리라는 신념이 있어야 합니다. 눈앞의 성과보다 장기적인 안목으로 세상을 보는 눈이 필요합니다.

迂 우회할 우 | 直 곧을 직 | 之 의 지 | 計 계책 계

선 무 근 명
善無近名

착한 행동을 했다고
명예를 너무
가까이하지 마라.

《장자》

남에게 내 이름을 알리고 존중받고 싶은 욕망은 다른 어떤 욕망보다도 멀리하기 어렵습니다. 이런 이유로 선행을 하다 보면 그 결과가 항상 좋을 수만은 없습니다. 그렇기에 마음에서 우러난 선행을 베푸는 것이 바람직하다는 것입니다.

善 착할 선 | 無 없을 무 | 近 가까울 근 | 名 이름 명

군 유 소 불 격
軍有所不擊

아무리 쉽다고 해도
싸워서는 안 될 상대가 있다.

《손자병법》

적이라고 다 싸워야 하는 것은 아닙니다. 눈앞의 이익만 앞세워 상대를 공격한다면 역으로 큰 피해를 입을 수도 있습니다. 때로는 여유와 아량으로 유연하게 싸움을 피하고 과감히 돌아서는 것이 조직을 살리는 길일 때도 있습니다.

軍 군대 군 | 有 있을 유 | 所 바 소 | 不 아니 불 | 擊 공격할 격

명 철 보 신
明哲保身

명확하고 정확한 일처리로
몸을 보존한다.

《시경》

이 구절은 명철한 지혜와 철학으로 나라를 위해 헌신하고 자신의 안위를 잘 돌보는 공직자를 이르는 말로 사용되어 왔습니다. 자신의 몸을 보존하여 주군을 도와 좋은 성과를 이루어낼 수 있는 인재가 필요한 때입니다.

明 밝을 명 | 哲 밝을 철 | 保 보호할 보 | 身 몸 신

동 시 효 빈
東施效顰

미인의 찡그린 얼굴을
따라 하다가
더욱 추녀가 되었다.

《장자》

타인의 행동을 이유도 모르고 무작정 따라 한 적이 있지 않나요? 자신의 주관과 속도를 잃고 떼 지어 떠도는 사회에서 자신만의 개성을 가진 사람은 아름답습니다. 남들이 어떻게 살든 자신을 소중히 여기는 사람이 되어야겠습니다.

東 동녘 동 | 施 성 시 | 效 본받을 효 | 顰 찡그릴 빈

궁 락 통 락
窮樂通樂

궁할 때도 즐겁고
잘나갈 때도 즐겁다.

《장자》

인생이 궁한 상황이든 형통한 상황이든 그 상황이 나의 행복과 불행을 결정하지는 않습니다. 내 인생의 행복은 궁하든 통하든 내가 만들어나가는 것입니다. 진정한 행복은 내가 결정하는 것이지 상황의 지배를 받아서는 안 된다는 뜻입니다.

窮 궁할 궁 | 樂 즐거울 락 | 通 통할 통

호 시 탐 탐
虎視耽耽

호랑이의 눈으로
목표를 보라.

《주역》

호랑이가 먹잇감을 노리며 목표에 집중하듯이 우리도 꿈을 향해 두려움 없이 전진하면 결코 후회가 없습니다. 열정과 노력으로 묵묵히 달려가면 그 목표는 어느덧 눈앞에 현실로 다가와 있을 것입니다.

虎 **범 호** | 視 **볼 시** | 耽 **노려볼 탐**

^{군 자 무 소 쟁}
君子無所爭

군자는 남과 경쟁하는 데 인생의 목표를 두지 않는다.

《논어》

명분 없이 서로를 죽이는 경쟁은 볼썽사나운 저급한 경쟁입니다. 물론 살다 보면 경쟁을 피할 수만은 없습니다. 그렇더라도 원칙과 규칙을 지켜 승자는 패자를 배려하고 패자는 깨끗이 패배를 인정해야 합니다. 이것이 공자가 말하는 군자들의 아름다운 경쟁 방식입니다.

君 임금 군 | 子 아들 자 | 無 없을 무 | 所 바 소 | 爭 다툴 쟁

대 기 만 성
大器晚成

큰 그릇은
완성이 없다.

《도덕경》

지금보다 더 큰 그릇을 만들어나가는 과정이야말로 가장 위대한 완성의 방식입니다.
아직 완성은 멀었다는 대기만성의 철학을 가진 사람이라면 언제나 더 나은 내가 되기
위해 부단히 노력할 것입니다.

大 클 대 | 器 그릇 기 | 晚 없을 만 | 成 이룰 성

달 기 노 심
達其怒心

호랑이가 성이 났을 때는
그 기분을
조절시켜야 한다.

《장자》

관계를 유지하는 데 가장 큰 장애가 되는 것은 감정 조절의 실패라고 합니다. 상대방의 감정은 무시하고 오로지 나의 감정만 앞세우면 안 되겠지요. 상대방의 감정을 인정하고 그에 대응하는 것이 인간관계의 상책입니다.

達 **통달할 달** | 其 **그 기** | 怒 **성낼 노** | 心 **마음 심**

불 사 토 양
不辭土壤

한 줌의 흙이라도
사양하지 않는다.

《사기》

능력이 있다면 출신과 성분을 따지지 않고 중요한 직책을 맡기는 것이 당연합니다. 그러나 실제 조직의 인사는 결코 능력만 보지 않습니다. 어느 나라, 어느 조직이든 다양성과 개방성이 결국 경쟁력이며 승부수 입니다.

不 아니 불 | 辭 사양할 사 | 土 흙 토 | 壤 부드러운 흙 양

망 전 필 위
忘戰必危

전쟁을 잊으면 반드시
위태로울 것이다.

《사마병법》

지금 상황이 아무리 좋다 해도 늘 위기에 대비하여 준비를 게을리하지
말아야 합니다. 전쟁을 잊는 순간 반드시 위기가 다시 올 것이란 구절을
가슴에 새기고 한마음으로 위기에 대한 대비책을 튼튼하게 강구합시다.

忘 잊을 망 | 戰 전쟁 전 | 必 반드시 필 | 危 위태로울 위

德微而位尊

인격은 없는데
지위만 드높다.

《주역》

아무리 높고 좋은 자리가 있어도 자신의 능력과 도덕성을 스스로 비추어보아 역량이 부족하다면 자리를 사양하는 혜안과 결단이 필요합니다. 나아가고 물러남이 분명한 사람은 인생에서 화를 당하는 경우가 없을 것입니다.

德 덕 덕 | 微 미세할 미 | 而 말 이을 이 | 位 자리 위 | 尊 높을 존

성 사 불 설
成事不說

이미 이루어진 일은
더 말하지 않겠다.

《논어》

엎질러진 물은 다시 주워 담을 수 없습니다. 공자는 어쩔 수 없는 상황에 대해서는 더
이상 고민하지 말아야 한다고 말했습니다. 이미 지나간 일이라면 내려놓는 것이 마음
의 상처를 줄이는 방법이겠습니다.

成 이룰 성 | 事 일 사 | 不 아니 불 | 說 말할 설

눌 언 민 행
訥言敏行

말은 어눌하게 하고
행동은 민첩해야 한다.

《논어》

자신의 자리에서 묵묵히 제 역할을 해나가는 사람이 필요한 요즘, 말을 아끼는 눌언과 민첩히 행동하는 민행으로 사는 것이 경쟁력입니다. 몸소 실천하지 않고 말만 앞세우는 사람들이 명심해야 할 이야기입니다.

訥 말 더듬을 눌 | 言 말씀 언 | 敏 민첩할 민 | 行 행할 행

의 심 암 귀
疑心暗鬼

의심은 없는 귀신도
만들어낸다.

《열자》

가슴속에 한 번 의심이 생기면 무서운 망상이 잇달아 일어나고 마음이 불안해집니다. 불안이 깊어지면 멀쩡한 사람을 의심하게 되고, 죄 없는 사람의 죄가 순식간에 생겨납니다. 확실치도 않은 것을 근거로 남을 의심해서는 안 될 것입니다.

疑 의심할 의 | 心 마음 심 | 暗 어두울 암 | 鬼 귀신 귀

필 이 폭 노 위 계
必以暴怒爲戒

반드시 갑작스러운 분노를
경계해야 한다.

《명심보감》

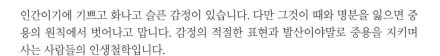

인간이기에 기쁘고 화나고 슬픈 감정이 있습니다. 다만 그것이 때와 명분을 잃으면 중용의 원칙에서 벗어나고 맙니다. 감정의 적절한 표현과 발산이야말로 중용을 지키며 사는 사람들의 인생철학입니다.

必 반드시 필 | 以 써 이 | 暴 사나울 폭 | 怒 성낼 노 | 爲 될 위 | 戒 경계 계

고 장 난 명
孤掌難鳴

외로운 손 한쪽으로는 소리를 내기가 어렵다.

《한비자》

임금과 신하가 힘을 합쳐야 큰일을 이룰 수 있으며, 군주가 아무리 좋은 뜻을 갖고 있어도 그 뜻을 실현하려면 신하들의 전폭적인 지지가 필요합니다. 지금 우리에게 필요한 자세는 공적인 미래를 위해 합심하고 단결하는 것이 아닐까요?

孤 외로울 고 | 掌 손바닥 장 | 難 어려울 난 | 鳴 울 명

위 정 이 덕
爲政以德

정치는
덕으로 해야 한다.

《논어》

덕은 가장 인간적인 리더십입니다. 상대방을 법으로 강제하고 형벌로만 다스린다면 누구도 복종시킬 수 없습니다. 내면에서 우러나오는 복종은 감동뿐입니다. 감동은 법이 아니라 덕으로만 가능합니다.

爲 할 위 | 政 정사 정 | 以 써 이 | 德 덕 덕

백 구 과 극
白駒過隙

흰 망아지가 조그만
틈새를 지나간다.

《장자》

인생은 일순간에 지나가므로 짧은 인생, 사소한 것에 집착하지 말고 변화에 순응하며
살아야 한다고 장자는 말했습니다. 일희일비하지 않고 순간순간을 담담하게 살아가는
자세가 성숙한 인생을 만듭니다.

白 흴 백 | 駒 망아지 구 | 過 지날 과 | 隙 틈 극

지 성 무 식
至誠無息

지극한 정성은
쉬지 않는다.

《중용》

성실, 현대사회에서 다시 한번 조명해야 할 가치입니다. 난세에는 똑똑하고 유식한 것이 경쟁력입니다. 그러나 성실함을 당해낼 수는 없습니다. 묵묵히 쉬지 않고 자신의 길을 가는 무식無息한 성실이야말로 최후의 승리자가 되는 방법입니다.

至 **지극할 지** | 誠 **성실할 성** | 無 **없을 무** | 息 **쉴 식**

등 고 자 비
登高自卑

높은 곳에 오르려면
낮은 곳에서부터
시작해야 한다.

《중용》

군자의 삶은 고차원적인 우주가 아니라 일상의 평범함 속에 있습니다. 먼 곳을 바라보며 한숨짓는 인생이 아니라 바로 내 앞에 놓인 작은 행복을 느끼며 사는 것이 위대한 삶이란 이야기가 더욱 가슴에 와닿습니다.

登 오를 등 | 高 높을 고 | 自 부터 자 | 卑 낮을 비

기 소 불 욕   물 시 어 인
己所不欲 勿施於人

내가 하고 싶지 않은 일은
남에게도 시키지 말라.

《논어》

사회가 어려울수록 타인에게 고통을 전가하려 합니다. 그러나 세상을 움직이는 힘은 배려입니다. 내가 솔선수범해서 어려움을 짊어지고 상대방을 알아줄 때 상대방도 나를 알아줄 것입니다.

己 자기 기 | 所 바 소 | 不 아니 불 | 欲 하고자 할 욕 | 勿 말 물 | 施 베풀 시 | 於 어조사 어 | 人 사람 인

곤 궁 이 통
困窮而通

역경이 다가와도
반드시 해결할 방법이 있다.

《주역》

도저히 답이 없고 해결책이 없을 것 같아도 그 상황을 극복할 길은 어딘
가에 있기 마련입니다. 힘들고 어려운 상황이 다가올지라도 노력하면 반
드시 답을 찾을 수 있다는 명문입니다.

困 힘들 곤 | 窮 궁할 궁 | 而 말 이을 이 | 通 통할 통

조 문 도 석 사 가 의
朝聞道 夕死可矣

아침에 도를 깨달으면
저녁에 죽어도 괜찮다.

《논어》

공자는 아침에 도를 깨닫고 낮에는 그 도를 전파하려고 하였습니다. 그는 자신의 이상을 세상에 전하는 데 많은 노력을 기울였지요. 아침에 꿈을 이루었다면 낮에는 나누어야 저녁에 죽어도 여한이 없을 것입니다. 성공보다 아름다운 것은 나눔입니다.

朝 아침 조 | 聞 들을 문 | 道 길 도 | 夕 저녁 석 | 死 죽을 사 | 可 가할 가 | 矣 어조사 의

미 성 재 구

美成在久

아름답고 훌륭한 일은
오랜 시간이 걸려 완성된다.

《장자》

명품이 하나 만들어지는 데는 오랜 시간과 정성이 필요합니다. 뛰어
난 인재가 태어나는 것도 마찬가지입니다. 세상에 갑자기 위대해지는
것은 없으며 어려운 역경을 거치고 피나는 노력이 있어야 비로소 위
대함이 완성됩니다.

美 아름다울 미 | 成 이룰 성 | 在 있을 재 | 久 오랠 구

영웅선읍
英雄善泣

영웅은
울 때를 안다.

《열하일기》

차가운 가슴과 냉철한 이성으로 사는 것도 멋있어 보이지만 눈물이 없다면 큰 사람이 될 수 없을 것입니다. 기뻐서 울고 슬퍼서 우니 모든 감정의 으뜸은 울음입니다. 울고 싶을 때는 참지 말고 우십시오!

英 꽃부리 영 | 雄 사내 웅 | 善 잘할 선 | 泣 울 읍

환 부 지 인
患不知人

내가 상대방을 알아주지 않음을 근심하라.

《논어》

상대방이 나를 알아주지 않는다고 근심하지 말고 내가 상대방을 먼저 알아주지 못하는 것부터 걱정합시다. 남 탓만 하지 말고 나를 먼저 돌아보아야 답을 찾을 수 있으니 말입니다.

患 근심할 환 | 不 아니 부 | 知 알 지 | 人 사람 인

민 무 신 불 립
民無信不立

백성의 신뢰가 없다면
국가는 존립할 수 없다.

《논어》

신뢰는 조직과 국가의 생존을 위해 마지막까지 지켜야 할 덕목입니다. 개인도 마찬가지입니다. 비록 망해서 돈이 없고 힘이 없더라도 신뢰만 있다면 다시 일어설 수 있습니다. 신뢰는 존립의 가장 중요한 기반입니다.

民 백성 민 | 無 **없을 무** | 信 믿을 신 | 不 아니 불 | 立 설 립

과 즉 물 탄 개
過則勿憚改

잘못이 있다면
시간 끌지 말고 빨리 고쳐라.

《논어》

잘못을 저질렀을 때는 빠르게 그 잘못을 인정하고 고치는 것이 진정 위대한 행동입니다. 시간을 끈다고 해서 잘못이 근본적으로 해결되지는 않습니다. 남에게 보이려고 회개하지 말고 나를 위해 속히 잘못을 고쳐나갑시다.

過 지날 과 | 則 곧 즉 | 勿 말 물 | 憚 꺼릴 탄 | 改 고칠 개

천 만 매 린
千萬買隣

천만금으로
이웃을 산다.

《남사》

어디에서 사느냐는 모든 사람의 고민입니다. 고가의 집은 주로 좋은 풍경, 좋은 교통, 좋은 학군 등을 가지고 있습니다. 그러나 좋은 이웃과 사는 것이야말로 나와 가족의 행복입니다. 좋은 친구, 좋은 동료, 좋은 이웃은 가치를 환산할 수 없는 보배입니다.

千 일천 천 | 萬 일만 만 | 買 살 매 | 隣 이웃 린

흉 중 흠 대
胸中欠大

가슴속에 남을
용납할 여유가 모자란다.

《자술》

나는 깨끗하고 청렴하고 소박한데 남은 더럽고 탐욕스럽고 질퍽하다고 욕하는 사람은
만사를 자기만 옳다고 여기며 사는 사람이 아닐까요? 내가 사는 방법만이 옳고 당신
이 사는 방법은 그르다는 생각, 하루빨리 버려야겠습니다.

胸 **가슴 흉** | 中 **가운데 중** | 欠 **모자랄 흠** | 大 **클 대**

태 상 하 지 유 지
太上下知有之

최고의 지도자는
있다는 존재만 느끼게 한다.

《도덕경》

아랫사람에게 칭송받고 환호받는 리더가 최상의 리더는 아닙니다. 칭찬은 언제든 비난으로 바뀔 수 있기 때문입니다. 한때는 환호를 받다가 마지막에 치욕으로 끝나는 지도자들이 가득한 요즘, 현직에서 칭찬받는 것이 얼마나 덧없는지 생각하게 됩니다.

太 클 태 | 上 위 상 | 下 아래 하 | 知 알 지 | 有 있을 유 | 之 어조사 지

심 장 약 허
深藏若虛

좋은 물건을 깊이 감추어
마치 없는 것처럼 한다.

《사기》

요즘은 밝히는 시대라고 합니다. 그러나 좋은 것을 너무 밝히면 오히려 그것 때문에 진정한 나를 잃어버릴 수 있습니다. 훌륭한 상인이 좋은 물건을 남에게 잘 안 보여주듯, 때로는 나서지 않고 물러나 세상을 피하는 것도 인생살이의 한 방법이지 않을까요?

深 깊을 심 | 藏 감출 장 | 若 같을 약 | 虛 빌 허

시 강 목 불 명
視强目不明

너무 과도하게
보려 하면
오히려 눈이 더 나빠진다.

《한비자》

더 많은 것을 보고 듣고 생각하면 인간이 행복해질 것 같지만 오히려 피로와 정신적 허탈감이 가중된다고 합니다. 때로는 보고 듣고 생각하기를 잠시 멈추고 쉬는 것도 중요한 삶의 지혜인 것 같습니다.

視 볼 시 | 强 강할 강 | 目 눈 목 | 不 아니 불 | 明 밝을 명

부 무 경 업
富無經業

부자가 되는 데
직업의 귀천은 없다.

《사기》

돈을 버는 데는 직업의 귀천이 없고, 돈에는 정해진 주인이 없습니다. 열심히 노력하고 능력을 발휘하면 부는 몰려듭니다. 직업을 가리고 최선을 다하지 못하는 사람은 결국 돈에서 멀어질 수밖에 없습니다.

富 부자 부 | 無 없을 무 | 經 법 경 | 業 직업 업

대 국 자 하 류
大國者下流

큰 나라는
하류여야 한다.

《도덕경》

우리는 늘 상류사회에 편입되기를 꿈꿉니다. 그러나 천하의 모든 사람이 모여드는 곳은 강의 상류가 아니라 하류입니다. 우리는 아래로 흐르는 하류가 되어야 합니다. 군림하려고만 들고 있다면 한 번쯤 생각해보아야 할 화두입니다.

大 클 대 | 國 나라 국 | 者 사람 자 | 下 아래 하 | 流 흐를 류

유 문 무 실
有聞無實

소문만 무성했지
별 볼 일 없는 인생이다.

《사기》

사마천은 진시황의 아버지로 여겨지는 여불위를 이렇게 평가했다고 합니다. 권력의
정점에 서고 많은 부를 소유했어도 결국 별 볼 일 없었다는 것입니다. 화려한 소문만
무성한 인생을 살기보다는 참된 인생을 사는 것이 훨씬 낫다는 생각을 해봅니다.

有 있을 유 | 聞 소문 문 | 無 없을 무 | 實 실할 실

군 령 유 소 불 수
君令有所不受

군주의 명령도
받아들이지 않을 때가
있다.

《사기》

군대가 전쟁에서 지는 이유 중 하나는 후방의 지나친 간섭입니다. 이럴 때 윗사람에게 잘 보이려고 설설 기는 사람보다는 자신의 소신을 중요시하며 당당하게 '노'라고 말할 수 있는 지도자가 절실합니다.

君 임금 군 | 令 명령할 령 | 有 있을 유 | 所 바 소 | 不 아니 불 | 受 받을 수

무 재 작 력
無財作力

돈이 한 푼도 없다면
힘을 써서 돈을 벌어라.

《사기》

무일푼인 사람은 우선 힘을 써서 초기 자금을 마련해야 하겠지요. 돈이 없으면 노력을
통해 돈을 벌라는 뜻입니다. 돈을 벌고 싶으면, 그리고 지금 아무것도 가지고 있지 않
다면 노력과 땀이 돈 버는 지름길임을 가슴속에 새겨야 합니다.

無 없을 무 | 財 재물 재 | 作 지을 작 | 力 힘 력

성 인 무 상 심
聖人無常心

성인에게는 변하지 않는
마음이 없다.

《도덕경》

지도자는 고집이 없는 사람입니다. 오직 아랫사람의 마음을 자신의 마음으로 삼는 사람입니다. 언제나 마음을 바꿀 수 있는 유연성과 여론을 받아들이는 겸손함을 가진 리더가 필요합니다. 내 고집과 아집을 버리면 모두를 얻을 수 있습니다.

聖 성인 성 | 人 사람 인 | 無 없을 무 | 常 항상 상 | 心 마음 심

단 사 표 음
簞食瓢飲

광주리에 담은 밥을 먹고
표주박에 담은 물을 마신다.

《논어》

공자의 제자 안회는 겨우 끼니를 때우며 사는 상황에서도 자신이 추구하는 삶의 행복
과 가치는 포기하지 않았습니다. 가난이 행복한 것은 아니지만 적어도 가난 때문에 내
인생의 행복이 부정되어서는 안 된다는 뜻입니다.

簞 광주리 단 | 食 밥 사 | 瓢 표주박 표 | 飮 마실 음

^{가 치 부 전}
假痴不癲

어리석은 척하되
미치지는 말라.

《삼십육계》

자신의 능력을 남에게 보이는 것도 인생살이의 전략이지만 때로는 내 광채를 숨기는
것도 고도전략입니다. 어리석은 사람처럼 보여 상대방을 안심시키고 훗날을 도모하는
전략은 똑똑한 사람들로 넘쳐나는 시대에 필요한 역발상의 철학입니다.

假 거짓 가 | 痴 어리석을 치 | 不 아니 부 | 癲 미칠 전

매 독 환 주
買櫝還珠

필요한 상자만 사고
그 안의 보석은 돌려준다.

《한비자》

이 구절은 보석상이 보석을 팔았는데 손님이 보석을 담은 상자만
취하고 보석을 돌려주었다는 고사에서 나왔습니다. 손님은 보석
보다 상자가 더욱 귀하다고 생각한 것입니다. 귀한 것은 세상 사
람들이 결정하는 것이 아니라 내가 결정하는 것입니다.

買 살 매 | 櫝 상자 독 | 還 돌려줄 환 | 珠 보석 주

<ruby>上善若水<rt>상 선 약 수</rt></ruby>

아름다운 인생은
물처럼 사는 것이다.

《도덕경》

물은 만물을 길러주고 키워주나 자신의 공을 남과 다투려 하지 않습니다. 물은 낮은 곳으로 흐르기에 강이 되고 바다가 됩니다. 물처럼 세상의 변화와 한 호흡으로 사는 것이야말로 자연스러운 인생의 모습인 듯합니다.

上 위 상 | 善 좋을 선 | 若 같을 약 | 水 물 수

12월

화 호 화 구
畵虎畵狗

호랑이를 그리려다
개를 그린다.

《후한서》

위대한 것도 거창한 것도 좋지만 어쭙잖게 덤벼들었다간 용두사미의 결과를 맺을 수 있습니다. 때로는 그저 묵묵히 자신의 길을 가는 목표를 세우는 것이 실질적으로 좋은 결과를 얻는 방법입니다.

畵 그릴 화 | 虎 범 호 | 狗 개 구

독 처 무 자 기
獨處無自欺

홀로 있는 곳에서
자신을 속이지 말라.

《해동소학》

많은 사람이 있는 곳에서는 타인의 눈과 귀를 의식하지만, 홀로 있을 때는 아무래도 마음이 풀리고 느슨해질 수밖에 없습니다. 그래서 옛 선현들은 혼자 있는 곳에서 더욱 삼가야 한다고 강조했습니다.

獨 홀로 독 | 處 곳 처 | 無 없을 무 | 自 스스로 자 | 欺 속일 기

2월

행 법 사 명
行法俟命

원칙을 따르고
결과를 기다려라.

《맹자》

세상을 살다 보면 어떤 결과에 웃기도 하고 울기도 합니다. 그러나 묵묵히 자신의 원칙을 실행했다면 그 결과에 휘둘릴 필요가 없습니다. 어떤 의도나 목적보다도 원칙에 충실했으니 그 결과가 나의 행복과 불행을 나눌 수는 없을 것입니다.

行 **행할 행** | 法 **법 법** | 俟 **기다릴 사** | 命 **운 명**

동 성 상 응
同聲相應

같은 소리를 가진
사람을 만나라.

《주역》

비슷한 생각과 꿈을 가진 이들이 만나면 서로 반응하여 상승효과를 일으킬 수 있습니다. 한 사람의 소리는 그저 소리에 불과하지만 모든 사람의 꿈과 희망이 합쳐진 소리는 세상을 바꾸는 힘이 됩니다.

同 같을 동 | 聲 소리 성 | 相 서로 상 | 應 반응할 응

언 근 지 원
言近指遠

말은 평범하지만
뜻은 원대하다.

《맹자》

진리의 말은 사람의 마음을 감동시키기도 하고 머릿속에 깊이 남아 인생의 지침이 되어주기도 합니다. 그런데 진리의 말일수록 쉽고 간단하고 오히려 평범합니다. 성경이나 불경만 보아도 알 수 있지요. 난해하고 특별하고 기이한 것만이 옳은 것은 아닙니다.

言 말씀 언 | 近 가까울 근 | 指 가리킬 지 | 遠 멀 원

불 학 장 면
不學牆面

배우지 않는 사람은
담장에 얼굴을 맞대고
있는 것과 같다.

《서경》

아무런 깨달음이나 성찰 없이 틀에 박힌 삶을 사는 사람은 발전할
수 없습니다. 진정한 배움이란 늘 자신을 돌아보고 끊임없이 새로
운 사람으로 만들어가는 것입니다.

不 아니 불 | 學 배울 학 | 牆 담 장 | 面 얼굴 면

선 신 호 덕
先愼乎德

돈을 벌려고 하기에 앞서
덕을 베풀어라.

《대학》

돈을 많이 번 사람들의 이야기를 들어보면 오로지 돈만 좇아 산 사람은 없는 것 같습니다. 성실한 자세로 일하고, 타인과의 신뢰를 지키며, 이익보다는 사람을 소중히 여겼다고 합니다. 사람이 먼저고 돈은 나중이라는 평범한 진리를 한 번쯤 돌아봅시다.

先 먼저 선 | 愼 삼갈 신 | 乎 어조사 호 | 德 베풀 덕

위 방 불 입
危邦不入

위기에 빠진 나라는
함부로 들어가지 말라!

《논어》

경거망동하여 위태로운 판에 끼다 보면 망신과 치욕을 당할 수 있습니다. 나서야 할 때인지 뒤로 물러서야 할 때인지 정확히 알고 처신해야 한다는 뜻이지요. 하루하루 불확실성 속에 사는 요즘, 진정한 진퇴의 의미를 생각해보아야 합니다.

危 **위태로울 위** | 邦 **나라 방** | 不 **아니 불** | 入 **들 입**

조 명 시 리
朝名市利

조정에서는 명예를 논하고
저잣거리에서는
이익을 논하라.

《전국책》

사람은 자기가 어느 자리에 있는지를 늘 돌아보아야 합니다. 공직자가 사적인 이익만
탐하거나, 성직자가 세속의 권력을 넘본다면 자신의 자리를 이해하지 못한 것이지요.
명예를 소중히 여겨 할 자리가 있고, 이익을 추구해야 할 자리가 있습니다.

朝 조정 조 | 名 이름 명 | 市 저자 시 | 利 이로울 리

시 중 지 도
時中之道

상황에 맞는 중용의 도를
찾아 행하라!

《중용》

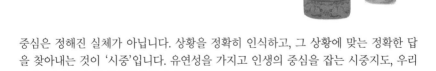

중심은 정해진 실체가 아닙니다. 상황을 정확히 인식하고, 그 상황에 맞는 정확한 답을 찾아내는 것이 '시중'입니다. 유연성을 가지고 인생의 중심을 잡는 시중지도, 우리가 늘 고민해야 할 인생철학입니다.

時 때 시 | 中 가운데 중 | 之 의 지 | 道 길 도

고 무 진 작
鼓舞振作

나를 고무하여
새로운 모습으로 변신하라.

《남명사우록》

세상을 살다 보면 뜻이 무너지는 순간이 있습니다. 이럴 때일수록 두려움 없이 목표를 점검하고 나 자신을 돌아보아야 합니다. 마치 북을 울리듯, 춤을 추듯, 떨쳐 일어나 목표를 향해 정진하는 것이지요.

鼓 두드릴 고 | 舞 춤출 무 | 振 떨칠 진 | 作 일어날 작

<ruby>好<rt>호</rt></ruby><ruby>問<rt>문</rt></ruby>

묻는 것을 즐겨라.

《중용》

묻기를 좋아하는 경청의 자세를 '호문 정신'이라고 합니다. 지혜는 '묻는 것'이라고 하지요. 알아도 묻고, 몰라도 물어야 합니다. 그 물음의 깊이만큼 더 큰 지혜를 얻을 수 있기 때문입니다. 물음은 좋은 해답을 얻는 가장 중요한 방법입니다.

好 **좋아할 호** | 問 **물을 문**

_{선 승 구 전}
先勝求戰

먼저 승리를 확보하라!
그리고 전쟁에 임하라!

《손자병법》

감정이나 분노로 싸움을 해서는 안 되고 승산을 정확히 따져보아야 합니다. 백 번 싸워 백 번 이기는 것보다 백 번 모두 지지 않는 것이 중요하기 때문입니다. 인생에도 감정이나 오기가 아니라 높은 안목과 전략이 필요한 이유입니다.

先 먼저 선 | 勝 이길 승 | 求 구할 구 | 戰 싸울 전

막 역 지 우
莫逆之友

서로에게
거슬리지 않는 친구.

《장자》

진정한 친구 사이에는 상대방이 누구이며 나에게 어떻게 하느냐가 중요하지 않습니다. 마음에 거슬림 없이 서로를 인정하고 존중하며 배려할 줄 아는 것이 중요하지요. 조건을 따지며 인간관계를 맺는 요즘, '막역'의 의미를 진지하게 되짚어봅니다.

莫 없을 막 | 逆 거스를 역 | 之 의 지 | 友 벗 우

양 력 이 행
量力而行

자신의 힘과 역량을 헤아려 행동하라.

《지봉집》

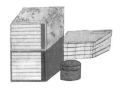

자신의 능력과 분수를 헤아리지 못하고 무리하게 일을 벌이면 자신뿐만 아니라 주변 사람에게도 큰 피해와 고통을 안겨줄 수 있습니다. 자신의 역량을 충분히 고려해야 실패 없이 일을 성공적으로 마치겠지요. 분수를 아는 것이야말로 망하지 않는 비법입니다.

量 헤아릴 양 | **力** 힘 력 | **而** 말 이을 이 | **行** 행할 행

득 도 다 조
得道多助

마음을 얻으면
도와주는 사람이 많다.

《맹자》

평소에 타인의 마음을 얻은 사람이라면 아무리 어렵고 힘든 상황이 되어도 결코 무너지지 않습니다. 그가 무너지지 않기를 바라는 사람이 주변에 많기 때문입니다. 세상에서 가장 강한 사람은 도와주는 사람이 많은 사람입니다.

得 얻을 득 | 道 길 도 | 多 많을 다 | 助 도울 조

적 아 불 분
敵我不分

적과 내 편을
구분하지 말라.

《사기》

인재를 구함에 있어 나와 반대편에 있던 사람을 등용해 중요한 자리에 앉히는 것은 큰 모험일 수 있습니다. 그러나 대의를 위해서라면 적과 동지를 구분 짓지 않는 위대한 선택이 필요합니다. 파벌주의야말로 나라와 조직을 파멸로 이끌 수 있습니다.

敵 적 적 | 我 나 아 | 不 아니 불 | 分 나눌 분

구 이 경 지
久而敬之

오랜 시간이 지나도
공경하는 마음을
잃지 말라.

《논어》

처음에 좋게 맺어진 관계도 시간이 지나면서 막 대하는 관계로 변하는 경우가 종종 있습니다. 세상과 더불어 산다는 것은 결국 좋은 인간관계를 맺고 유지하는 일입니다. 당신은 가까운 사람을 늘 공경하는 자세로 대하고 있습니까?

久 오랠 구 | 而 말 이을 이 | 敬 공경할 경 | 之 어조사 지

경 견 후 회
輕見後悔

가볍게 사람을 만나면 후회할 일이 생긴다.

《해동소학》

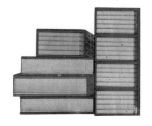

중요한 결정을 하는 위치에 있는 사람은 아무나 만나서는 안 된다고 합니다. 함부로 사람을 만나다 보면 생각이 한쪽으로 치우치게 되고, 치우친 생각을 기반으로 중요한 결정을 내리면 결국 공익성이 무너질 수 있기 때문입니다.

輕 가벼울 경 | 見 볼 견 | 後 뒤 후 | 悔 후회할 회

^{수 즉 다 욕}
壽則多辱

오래 살수록
그만큼 욕됨이 많다.

《장자》

오래 사는 것이 좋은 일만은 아닐 수도 있습니다. 오래 살다 보면 못 볼 꼴도 많이 보고 망신스러운 일도 많이 겪게 되지요. 얼마나 사느냐 보다 어떻게 늙느냐가 더욱 중요하다는 깨달음이 필요합니다.

壽 오래 살 수 | 則 곧 즉 | 多 많을 다 | 辱 수치스러울 욕

화 이 불 실
華而不實

꽃은 피었으나
열매가 없다.

《춘추좌씨전》

빛 좋은 개살구라는 속담이 있습니다. 겉은 화려하고 보기 좋으나 속은 별 볼 일 없다는 뜻이지요. 남에게 잘 보이려 겉만 꾸밀 것이 아니라 내실을 키우고 기본을 다지는 것이 오랫동안 경쟁력을 가지고 생존하는 방법입니다.

華 꽃 화 | 而 말 이을 이 | 不 아니 불 | 實 열매 실

상 인 지 어 리 여 형 극
傷人之語 利如荊棘

상처 주는 말 한마디는
날카롭기가
마치 가시와 같다.

《명심보감》

원만한 대인관계를 위해서는 세 치 혀로 상대방에게 상처 주지 않도록 조심하는 일이
그 무엇보다 중요합니다. 말은 상대방을 행복하게도 하지만 아프게도 합니다. 자신의
혀를 잘 다스려 말을 지혜롭게 해야 하는 이유가 여기에 있습니다.

傷 다칠 상 | 人 사람 인 | 之 의 지 | 語 말씀 어 | 利 날카로울 리 | 如 같을 여 | 荊 가시나무 형 | 棘 가시 극

낙 천 지 명
樂天知命

천명을 즐기고
운명을 받아들여라.

《해동소학》

근심과 두려움은 인간의 기본 감정입니다. 그러나 이런 감정도 잘 맞이하여 받아들이면 저절로 소멸된다고 합니다. 다가오는 상황을 즐기면 운명을 극복할 수 있다는 뜻이지요. 막연한 공포에 휘둘리기 쉬운 오늘날 되새겨야 할 위기 극복 철학입니다.

樂 즐길 락 | 天 하늘 천 | 知 알 지 | 命 목숨 명

양 금 택 목
良禽擇木

현명한 새는 나무를
가려서 둥지를 튼다.

《춘추좌씨전》

세상을 살다 보면 떠나야 할 때와 머물러야 할 때가 있고, 있어야 할 곳과 있지 말아야 할 곳이 있습니다. 인생의 방향이 고민이라면 기본으로 돌아가 내가 머물러야 할 자리에 있는지를 생각해봅시다. 현명한 인생을 꾸리기 위한 지혜입니다.

良 **훌륭할 양** | 禽 **새 금** | 擇 **가릴 택** | 木 **나무 목**

인 지 환 재 호 위 인 사
人之患 在好爲人師

사람들의 가장 큰 병은 스승이 되기를 좋아하는 데 있다.

《맹자》

공자는 학생이야말로 가장 아름다운 호칭이라고 말합니다. 학생은 늘 모르는 것을 알고자 하는 열망을 가지고 있고, 언제나 배울 준비가 되어 있는 사람이기 때문입니다. 학생의 자세로 겸손하게 묻고, 늘 새로운 배움을 향해 성장하는 사람들은 아름답습니다.

人 사람 인 | 之 의 지 | 患 병 환 | 在 있을 재 | 好 좋을 호 | 爲 할 위 | 師 스승 사

피 위 지 재
皮爲之災

아름다운 가죽을
경계하라.

《장자》

멋진 가죽 때문에 사냥당하는 표범에게 그 가죽은 재앙일 수 있습니다. 남들이 보기에
아름답고 훌륭한 것이 있어도 그것이 꼭 행복을 가져다주지는 않는다는 뜻입니다. 쓸
모없는 것이 오히려 자신을 지켜주는 경우도 있습니다.

皮 가죽 피 | 爲 될 위 | 之 의 지 | 災 재앙 재

욕 속 부 달
欲速不達

빨리하려고 하면
목표에 도달할 수 없다.

《논어》

흔히 '빨리빨리' 문화가 우리나라를 성장시키는 데 큰 동력이 되었다고 합니다. 그러나 기초가 탄탄하지 않은 상태로 무리하게 속도를 낸다면 모래 위에 성을 쌓는 것에 불과합니다. 때로는 돌아가는 것이 오히려 빨리 가는 결과를 가져올 수도 있습니다.

欲 하고자 할 욕 | 速 빠를 속 | 不 아니 부 | 達 도달할 달

이 능 고 생
以能苦生

능력이 오히려 삶을
고생스럽게 한다.

《장자》

사회가 정해놓은 획일적인 관점에서의 능력은 오히려 그 사람의 인생을 더욱 고달프게 할지도 모릅니다. 경쟁에서 승리한 사람이 진정한 승자는 아닐 수 있다는 생각을 해봅니다.

以 써 이 | 能 능력 능 | 苦 쓸 고 | 生 살 생

과 전 불 납 리
瓜田不納履

오이밭에서는 신을
고쳐 신지 말라.

《명심보감》

우리는 때로 오해를 받곤 합니다. 나는 전혀 그런 일이 없었는데 상황이 묘하게 전개되어 혐의를 받고 처벌까지 받기도 합니다. 그러니 그에 앞서 혹시 내가 오해 살 만한 행동을 하지는 않았는지 스스로 처신을 돌아보는 것도 중요합니다.

瓜 오이 과 | 田 밭 전 | 不 아니 불 | 納 신을 납 | 履 신 리

풍 림 화 산
風林火山

바람처럼 빠르게,
숲처럼 고요하게,
불처럼 거세게, 산처럼 무겁게.

《손자병법》

인생은 상황에 맞는 여러 판단과 결정으로 이루어져 있습니다. 그러니 상황에 따라 다양한 속도로 사는 것이 무엇보다 중요합니다. 어떤 상황에서 어떤 속도로 살아야 하는지 늘 생각하는 것이 승리하는 인생을 위한 전략입니다.

風 바람 풍 | 林 수풀 림 | 火 불 화 | 山 뫼 산

장 두 로 미
藏頭露尾

머리는 감추었으나
꼬리는 드러나 있다.

장가구

정치를 하는 데 있어 최악은 국민의 불신입니다. 공자 또한 백성이 국가를
불신하면 국가의 존립 기반 자체가 위태로워진다고 말하며 신뢰를 강조했
습니다. 아무리 숨기고 감추려고 해도 세상 사람들은 모두 보고 있습니다.

藏 감출 장 | 頭 머리 두 | 露 드러날 로 | 尾 꼬리 미

염 화 우 리
斂華于裏

화려함을 거두어
내면에 품어야 한다.

《청장관전서》

겉으로 보이는 화려함이 지나치게 강조되는 시대입니다. 그러나 행복한 인생을 살기 위해서는 내면의 아름다움이 더욱 중요한 것 같습니다. 드러나지 않더라도 묵묵히 내면의 아름다움을 지켜나가면 인생의 내실이 쌓일 것입니다.

斂 거둘 염 | 華 빛날 화 | 于 어조사 우 | 裏 속 리

도 부 동　불 상 위 모
道不同 不相爲謀

가는 길이 같지 않다면
더불어 일을 도모해서는
안 된다.

《논어》

참으로 만날 사람도, 봐야 할 사람도 많은 세상입니다. 그중에는 나와 가고자 하는 길이 다르고 살아가는 원칙이 다른 사람도 많지요. 그러니 나와 같은 길을 걷는 사람인지를 먼저 고민해보고 만남을 결정한다면 그 만남에 더욱 큰 의미가 있을 것입니다.

道 길 도 | 不 아니 부 | 同 한가지 동 | 相 서로 상 | 爲 할 위 | 謀 도모할 모

낙 이 불 음 애 이 불 상
樂而不淫 哀而不傷

기쁨이 넘쳐 음란해지면 안 되고
슬픔이 넘쳐
상처가 되어서도 안 된다.

《논어》

우리는 가끔 기쁨이 지나쳐 쾌락에 빠지기도 하고, 슬픔이 지나쳐 몸과 마음에 상처를 내기도 합니다. 기쁨과 슬픔의 균형을 유지하고 산다면 결코 감정에 휘둘리지 않는, 품격 있는 인생이 될 것입니다.

樂 즐길 락 | 而 말 이을 이 | 不 아니 불 | 淫 음란할 음 | 哀 슬플 애 | 傷 다칠 상

이 단 투 란
以破投卵

바위로 계란을 친다.

《손자병법》

힘 있고 준비된 자에게 힘없고 준비 안 된 자는 바위 앞의 계란이 될 수밖에 없습니다.
철저히 준비해서 승리를 만들어놓고 싸우는 것이야말로 바위로 계란을 치는 형세를
만들어내기 위해 중요하다는 뜻입니다.

以 써 이 | 破 숫돌 단 | 投 던질 투 | 卵 알 란

지 족 불 욕
知足不辱

만족을 알면
치욕을 당하지 않는다.

《도덕경》

세상살이에서 가장 어려운 일 중 하나가 늘 만족하며 사는 것입니다. 자신이 만족하는 지점을 알고 욕심을 그만 부려야겠다는 지점도 정확히 안다면 평생 후회하지 않고 살 수 있습니다.

知 알 지 | 足 만족할 족 | 不 아니 불 | 辱 수치스러울 욕

유 교 무 류
有敎無類

가르침에는
차별이 없다.

《논어》

공자는 그에게 배우겠다고 찾아온 사람들을 차별하지 않았습니다. 출신과 관련 없이
모두 제자로 받아들였고, 재산의 유무와 상관없이 가르침을 베풀었습니다. 이처럼 차
별 없는 교육의 기회와 혜택은 사회를 더욱 건강하고 희망차게 만듭니다.

有 있을 유 | 敎 가르칠 교 | 無 없을 무 | 類 무리 류

일 조 지 환
一朝之患

아침에 잠시 지나가는 근심에 무너지지 말라.

《맹자》

물질적 불만이나 욕구, 주변 사람과의 불화, 나 자신에 대한 불만 같은 것들은 잠깐 나를 흔들고 지나가는 근심이지 인생의 근본적인 근심이 되어서는 안 됩니다. 그런 근심에서 자유로울 때 비로소 완전한 마음의 평정을 얻을 수 있을 것입니다.

— 한 일 | 朝 아침 조 | 之 의 지 | 患 근심 환

^{기 정 상 생}
奇正相生

변칙과 원칙은
상생한다.

《손자병법》

전쟁에서는 정규부대와 특수부대를 동시에 운용해야 승리를 얻을 수 있습니다. 원칙을 기반으로 상황에 맞게 변칙을 써야 이긴다는 것이지요. 그런데 변칙과 원칙의 경계는 절대적이지 않습니다. 그러니 환경에 따라 유연하게 변하는 사고가 필요합니다.

奇 기이할 기 | 正 바를 정 | 相 서로 상 | 生 살 생

_{인 기 아 취　인 취 아 여}
人棄我取　人取我與

남들이 버릴 때
나는 사들인다.
남들이 사들일 때 나는 준다.

《사기》

남들과 반대의 길을 가겠다는 투자 원칙으로 거부가 된 역사적 인물로 백규白圭가 있습니다. 인생도 남들과 반대로 갔을 때 더 많은 것을 얻을 수 있다고 하지요. 뚝심 있게 손해를 감수하며 사는, 소위 '바보'가 더 현명한 인생을 사는지도 모르겠습니다.

人 사람 인 | 棄 버릴 기 | 我 나 아 | 取 가질 취 | 與 줄 여

수 적 천 석
水滴穿石

물방울이 돌을 뚫는다.

《학림옥로》

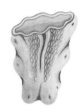

작은 일도 반복하면 큰일이 될 수 있습니다. 바늘 도둑이 소도둑 되듯이 하찮은 잘못을 방관하다가는 인생이 송두리째 망가진다는 것입니다. 지금의 작은 행적이 결국 나의 미래를 결정합니다.

水 물 수 | 滴 물방울 적 | 穿 뚫을 천 | 石 돌 석

지 소 선 후 즉 근 도 의
知所先後 則近道矣

일의 선후를 아는 것이
도와 통하는 길이다.

《대학》

일의 선후를 잘 판단하고 실천에 옮기는 것은 인생을 살아가는 데 매우 중요합니다.
선후를 정확히 결정하는 것이야말로 도와 통하는 방법이지요. 본말이 전도되곤 하는
요즘 세상에 절실하게 필요한 생각입니다.

知 알 지 | 所 바 소 | 先 먼저 선 | 後 뒤 후 | 則 곧 즉 | 近 가까울 근 | 道 길 도 | 矣 어조사 의

절 처 구 생
絶處求生

절박한 곳에서
생존을 구하라.

《손자병법》

조직이 위기에 처하면 절박감이 들 수밖에 없습니다. 문제는 그 절박감을 어떻게 수용하느냐입니다. 넋을 놓고 죽음을 기다릴 것인가, 적극적으로 생존을 도모할 것인가? 어려움을 기반으로 새로운 경쟁력을 만들어가야 할 것입니다.

絶 끊을 절 | 處 곳 처 | 求 구할 구 | 生 살 생

비 도 홍 인
非道弘人

도가 사람을 간섭하거나 통제해서는 안 된다.

《논어》

인간이 만든 도가 인간 위에 군림한다면 그것은 진정한 도가 아닙니다. 내가 있고 나서 도가 있는 것이고, 내가 있고 나서 부와 지식이 있는 것이므로, 그것에 의해 내가 구속되거나 통제되어서는 안 될 것입니다.

非 아닐 비 | 道 길 도 | 弘 넓힐 홍 | 人 사람 인

필 공 불 수
必攻不守

누구도 지키지 않는 곳을 공격해야 한다.

《손빈병법》

남들과 똑같이 생각한다면 특별한 성과를 만들어내지 못할 겁니다. 그래서 성공한 사람들은 남들이 가지 않은 분야를 개척해 성공을 거머쥐는 것 같습니다. 남들이 안 하는 일에 의외의 기회와 성공이 있습니다.

必 반드시 필 | 攻 칠 공 | 不 아니 불 | 守 지킬 수

<small>상 지</small>
尚志

내 뜻을
소중히 여겨라.

《맹자》

선비들이 추구하는 가장 중요한 덕목은 바로 '뜻을 숭상하는 것'이었습니다. 선비는 사랑과 정의라는 뜻을 소중히 여기며 사는 사람인 것입니다. 우리 조상들이 꿈꾸었던 이상적인 인간상인 선비에 가까워질 수 있도록 노력해봅시다.

尚 **숭상할 상** | 志 **뜻 지**

^{금 적 금 왕}
擒賊擒王

도적을 잡으려면 그들의 임금을 먼저 잡아라.

《삼십육계》

적을 잡으려면 우두머리부터 잡으라고 합니다. 이는 전체 맥락을 파악하고 요점을 찾아내 가장 최적의 방법으로 문제를 해결하라는 의미입니다. 지금 우리 앞에 산적한 문제에 대해서 머리와 꼬리를 정확히 파악하고 있는지 고민해보아야 합니다.

擒 사로잡을 금 | 賊 도둑 적 | 王 임금 왕

일 일 청 한 일 일 선
一日淸閑 一日仙

오늘 하루 맑고 한가롭게 산다면 오늘 하루 신선이다.

《명심보감》

어렵고 힘든 세상이라고 화만 낸다면 인생은 언제나 고통스러울 수밖에 없습니다. 어려울 때일수록 마음을 여유롭게 먹고 깨끗한 삶의 태도를 유지해야 합니다. 맑고 편안한 마음으로 여유로움만 잃지 않는다면 얼마든지 신선처럼 살 수 있습니다.

― 한 일 | 日 날 일 | 淸 맑을 청 | 閑 한가할 한 | 仙 신선 선

부 재 기 위 　불 모 기 정
不在其位 不謀其政

자리에 있지 않으면
일을 도모하지 말라.

《논어》

자신의 직분을 넘어서 간섭하다 보면 조직의 시스템이 무너지고 혼란이 가중됩니다.
공자는 신하가 군주의 직책을, 자식이 부모의 영역을 침범하는 것을 난세의 원인이라
고 보았습니다. 자신의 직책과 직분에 맞게 최선을 다하는 사회가 되어야겠습니다.

不 아니 부 | 在 있을 재 | 其 그 기 | 位 자리 위 | 謀 도모할 모 | 政 정사 정

영 과 후 진
盈科後進

물은 흐르다 웅덩이를 만나면 채우고 다시 흐른다.

《맹자》

물에 대한 설명이지만 인생을 살아가는 지혜이기도 합니다. 인생을 살다가 어려움을 만나거나 힘든 상황에 처하면 곧바로 나아가지 말고 차분하게 기다리면서 그 상황을 견디고, 힘을 쌓은 다음 비로소 새로운 길로 나아가라는 의미입니다.

盈 찰 영 | 科 웅덩이 과 | 後 뒤 후 | 進 나아갈 진

승물유심
乘物遊心

상황에 올라타
그 상황을 즐겨라!

《장자》

하루하루 상황에 따라 일희일비하면 마음이 버티지 못합니다. 세상에 나에게 불리하거나 유리한 상황은 따로 없습니다. 그저 평상심을 잃지 않을 때 마음에 평화가 깃들고 상황을 즐길 수 있게 되는 것입니다.

乘 탈 승 | 物 물건 물 | 遊 놀 유 | 心 마음 심

표 풍 부 종 조
飄風不終朝

회오리바람이라도
아침나절을
넘기지 못한다.

《도덕경》

인생의 역경을 만나도 끝이 있다는 생각으로 느긋하게 기다려
보면 어떨까요? 직접 부딪쳐 어려움을 극복하기보다는 마음을
비우고 기다리는 것 또한 때로는 좋은 방법입니다.

飄 회오리바람 표 | 風 바람 풍 | 不 아니 부 | 終 끝날 종 | 朝 아침 조

성 인 여 아 동 류
聖人與我同類

성인도 나와 똑같은 사람이다.

《맹자》

세상을 살아가는 데 가장 중요한 것 중 하나가 자신감이라고 합니다. 어떤 역경이 있어도 과감히 나아갈 수 있는 힘 말이지요. 나도 노력하면 얼마든지 꿈을 이룰 수 있다는 자신감은 포기해서는 안 될 귀중한 자산입니다.

聖 성인 성 | 人 사람 인 | 與 더불 여 | 我 나 아 | 同 한가지 동 | 類 무리 류

무 사 성 사
無私成私

나를 버리면
결국 나를 얻는다.

《도덕경》

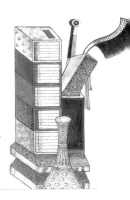

세속의 성공은 내가 의도한다고 해서 반드시 이룰 수 있는 것이
아닙니다. 나를 낮추고, 마음을 비우고, 성공에 대한 지나친 집착
을 버리고, 묵묵히 지금의 나에게 몰입하고 열중하다 보면 마침
내 성공이 다가올 것입니다.

無 없을 무 | 私 사사로울 사 | 成 이룰 성

^{난 생 어 치}
亂生於治

혼란은
안정 속에서 생긴다.

《손자병법》

탄탄하고 안정된 조직일수록 구멍이 생기면 오히려 걷잡을 수 없이 무너질 수 있습니다. 승리했다고 방심하는 틈을 타서 혼란이 생겨나는 것입니다. 잘나갈 때 더욱 조심해야 합니다. 강할 때 더욱 경계해야 합니다.

亂 어지러울 난 | 生 날 생 | 於 어조사 어 | 治 다스릴 치

비 필 충 천
飛必冲天

날면 반드시
하늘 높이 날아오르리라.

《한비자》

더 높이 오르기 위해서는 내공을 쌓을 시간이 필요합니다. 당장은 직
장을 구하지 못하더라도 지금의 고통을 감내하고 미래를 준비하는
젊은이가 많습니다. 높이 날려면 그만큼 시간이 필요한 법입니다.

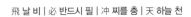

飛 날 비 | 必 반드시 필 | 冲 찌를 충 | 天 하늘 천

향 이 현 어

香餌懸魚

향기로운 미끼를 주어야
물고기가 걸린다.

《삼략》

자신이 가지고 있는 좋은 것을 남에게 주기란 정말 아깝습니다. 그러나 상대방에게 베풀지 않고는 나 역시 무언가 얻을 수 없다는 것이 당연한 진리이죠. 주지도 않고 무작정 기다리지 말고 적극적으로 내가 무엇을 줄 수 있는지를 고민해보아야 합니다.

香 향기 향 | 餌 미끼 이 | 懸 달 현 | 魚 물고기 어

생 어 우 환　사 어 안 락
生於憂患 死於安樂

근심이 나를 살릴 것이요,
안락이 나를 죽일 것이다.

《맹자》

안락한 삶은 나를 편안하게 하지만 성장을 가로막고, 고통은 나를 힘들게 하지만 성공할 수 있도록 돕습니다. 우리는 만족하고 나면 그 상황에 안주하곤 합니다. 그래서 안락이 나를 정체시킨다는 생각을 한시라도 놓지 말아야 합니다.

生 살 생 | 於 어조사 어 | 憂 근심 우 | 患 근심 환 | 死 죽을 사 | 安 편안할 안 | 樂 즐거울 락

여 민 동 락
與民同樂

백성과 더불어
즐겨라.

《맹자》

인간이 즐겁게 인생을 사는 것은 너무나 당연한 일입니다. 문제는 지도층 인사들이 도를 넘어선 일탈적 즐거움에 탐닉한다는 것입니다. 세상이 힘들고 어려울 때는 지나친 즐거움을 자제하고 국민과 고통을 함께하려는 자세가 절실합니다.

與 더불어 여 | 民 백성 민 | 同 함께 동 | 樂 즐길 락

투 지 망 지
投之亡地

망할 수밖에 없는 곳에
자신을 던져라.

《손자병법》

인생에서 큰 실패를 겪어보지 못한 사람이 크게 되는 경우는 드뭅니다. 거칠고 험난한 환경, 죽음의 땅에 자신을 던져보아야 합니다. 그곳에서 오히려 죽을 길이 아닌 살길을 발견하게 될 것입니다. 어려울 때마다 되뇌어야 할 철학입니다.

投 던질 투 | 之 어조사 지 | 亡 망할 망 | 地 땅 지

11월

3월

^{온 언 교 계}
溫言教戒

잘못을 꾸짖을 때는
부드러운 말로 가르쳐라.

《담헌서》

실학자 홍대용 선생은 다른 사람의 잘못을 꾸짖을 때 되도록 부드러운 말로 가르치라고 말했습니다. 따뜻한 말과 진심으로 누군가를 가르친다면 그와의 관계 또한 더욱 돈독해질 것입니다.

溫 따뜻할 온 | 言 말씀 언 | 敎 가르칠 교 | 戒 경계할 계

부 동 여 산
不動如山

움직이지 않기를
산처럼 하라.

《손자병법》

위기는 어느 조직에나 있습니다. 문제는 그 위기를 어떤 마음으로
받아들이느냐에 달려 있습니다. 아무리 어려운 상황이더라도 태
산 같은 무게로 침착하게 위기에 대응해야 할 것입니다.

不 아니 부 | 動 움직일 동 | 如 같을 여 | 山 뫼 산

적 우 침 주
積羽沈舟

가벼운 깃털도
많이 실으면
배가 가라앉는다.

《전국책》

한순간에 모든 것을 다 이루려는 한탕주의 풍조가 팽배한 요즘입니다. 그러나 작은 것을 소홀히 하다 보면 어떤 큰일도 이룰 수 없음을 알아야 합니다. 조그만 것의 힘이 가장 위대하다는 것을 다시 한번 생각해봅니다.

積 쌓을 적 | 羽 깃털 우 | 沈 가라앉을 침 | 舟 배 주

적 인 자 지 리 지
敵人自至利之

적을 스스로 오게 하려면
이익을 던져라.

《손자병법》

강요와 호소만으로는 상대방의 마음을 움직일 수 없습니다. 협상에서든 영업에서든 싸움에서든 주도권을 장악하기 위해서는 상대방의 진정한 이利와 해害를 파악해야 합니다. 상대방의 마음을 읽는 것, 바로 승리의 핵심 기술입니다.

敵 적 적 | 人 사람 인 | 自 스스로 자 | 至 이를 지 | 利 이로울 리 | 之 어조사 지

비 룡 재 천
飛龍在天

나는 용은
하늘에 있다.

《주역》

용이 가장 아름다운 때는 바로 '비룡의 시기'입니다. 비룡을 넘어 가장 높이 올라간 용은 후회를 한다고 합니다. 내려갈 일만 남았기 때문입니다. 하늘 끝까지 올라간 용보다 높이 날고 있는 용의 모습이 아름답습니다.

飛 **날 비** | 龍 **용 룡** | 在 **있을 재** | 天 **하늘 천**

천 하 대 사   필 작 어 세
天下大事 必作於細

천하의 큰일은
반드시
미세한 것에서 시작된다.

《도덕경》

세상에 어떤 일도 갑자기 일어나지 않습니다. 큰 병이 오기 전에도, 경제위기가 오기 전에도 조짐이 있습니다. 큰 것만 보려 하면 문제점을 정확히 찾을 수가 없습니다. 우리가 조그만 것에 주목하는 이유입니다.

天 하늘 천 | 下 아래 하 | 大 클 대 | 事 일 사 | 必 반드시 필 | 作 만들 작 | 於 어조사 어 | 細 가늘 세

공 수 신 퇴
功遂身退

공을 이루었으면
물러나라.

《도덕경》

성공은 이루는 것도 힘들지만 버리는 것은 더욱 힘듭니다.
그러나 내가 이룬 공을 버리고 뒤로 물러날 때 그 공은 더욱
빛날 수 있습니다. 때로는 뒤집어 생각하고 거꾸로 가는 것
이 정답이라는 생각을 해봅니다.

功 성공 공 | 遂 이룰 수 | 身 몸 신 | 退 물러날 퇴

<ruby>천</ruby> <ruby>장</ruby> <ruby>지</ruby> <ruby>구</ruby>
天長地久

하늘과 땅은 장구하다.

《도덕경》

하늘과 땅은 만물이 스스로 자랄 수 있도록 도와줄 뿐, 의지와 목적을 가지고 간섭하는 주체가 아닙니다. 우리 역시 그런 마음을 가져야 합니다. 인위적인 강요를 하지 않는 리더십을 통해 백성들이 스스로 행동하도록 만들라는 것입니다.

天 하늘 천 | 長 길 장 | 地 땅 지 | 久 오랠 구

고 정 무 파
古井無波

오래된 우물은
물결이 일지 않는다.

⟨열녀조⟩

자신의 마음을 우물 속의 물처럼 흔들리지 않고 굳게 지켜나가기란 어렵겠지요. 그러나 어려움 속에서도 평정심을 지키는 부동심의 마음으로 무장하면 난세를 견뎌낼 수 있을 것입니다.

古 오래될 고 | 井 우물 정 | 無 없을 무 | 波 물결 파

창 랑 지 수 탁 혜 가 이 탁 오 족
滄浪之水濁兮 可以濯吾足

창랑의 물이 흐리면
내 발을 씻으리라.

굴원

잘나가던 인생, 도대체 알 수 없는 이유로 하루아침에 곤두박질치는 경우가 허다합니다. 그러나 세상이 혼탁하든 깨끗하든 그것이 내 인생을 어떻게 하지는 못합니다. 그저 묵묵히 세상에 맞춰 살다 가면 될 뿐입니다.

滄 강물 창 | 浪 물결 랑 | 之 의 지 | 水 물 수 | 濁 흐릴 탁 | 可 가할 가 | 濯 씻을 탁 | 吾 나 오 | 足 발 족

변 화 제 일
變化齊一

세상은 끊임없이 변화하며 변화야말로 하나의 진리이다.

《장자》

우리는 새로운 변화를 두려워하고 안락한 지금에 안주하려 합니다. 그러나 과감하게 변화제일의 자세로 늘 새로운 상황을 만들어나가야 합니다. 새로운 환경을 맞이하며 변화의 원리로 대응하는 것이 진정한 생존 전략입니다.

變 변할 변 | **化** 될 화 | **齊** 같을 제 | **一** 한 일

아 사 십 부 동 심

我四十不動心

나는 사십의 나이에 흔들리지 않는 마음을 얻었다.

《맹자》

인생을 살다 보면 자신이 지나온 길을 돌아볼 때가 있습니다. 조그만 것에는 그렇게 용감하다가도 큰 유혹이 다가오면 쉽게 무너지는 때가 있지는 않았던가요? 흔들리지 않는 마음, 부동심을 통해 한 번쯤 생각해봐야 하겠습니다.

我 나 아 | 四 넉 사 | 十 열 십 | 不 아니 부 | 動 움직일 동 | 心 마음 심

피 갈 회 옥
被褐懷玉

겉에는 허름한 갈옷을 걸치고 있지만 내면에는 옥을 품고 있다.

《도덕경》

가슴에 진정 옥을 품고 위대한 정신을 지닌 사람이 겉으로는 허름한 갈옷을 걸치고 있을지도 모릅니다. 겉모습만 보고 그 사람을 평가하는 데 익숙해진 세상, 진정한 내면의 옥석을 가릴 수 있는 안목이 필요한 때입니다.

被 입을 피 | 褐 갈옷 갈 | 懷 품을 회 | 玉 구슬 옥

화 광 동 진
和光同塵

자신의 광채를 줄여라.
세속과 눈높이를 맞춰라.

《도덕경》

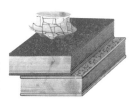

지위가 높은 사람들의 가장 큰 문제는 자신의 생각과 결정
만이 옳다고 믿는 것입니다. 때로는 자신의 주장을 거두고
다른 사람들을 믿어야 그들과 함께 빛날 수 있습니다.

和 화할 화 | 光 빛 광 | 同 같을 동 | 塵 세속 진

좌 예 해 분
挫銳解紛

날카로운 모습을
벗어던지고
복잡한 생각을 단순하게 하라.

《도덕경》

자신의 날카로움과 복잡한 생각을 접고 주변 사람들의 눈높이에 맞추는 것이 진정한
대인의 모습입니다. 자신을 낮추고 본질의 순수함으로 돌아가 주변 사람들과 정을 나
누는 것이 현명한 인생의 태도입니다.

挫 꺾을 좌 | 銳 날카로울 예 | 解 풀 해 | 紛 어지러울 분

인 자 무 적
仁者無敵

어진 사람은 누구도
대적할 수 없다.

《맹자》

인자仁者라고 적이 없을 수는 없습니다. 그러나 인자는
배려와 사랑을 실천하는 사람이기에 어느 누구도 대적
할 수 없다는 것입니다. 사랑을 베푸는 사람을 이길 방
법은 없기 때문이죠.

仁 어질 인 | 者 사람 자 | 無 없을 무 | 敵 대적할 적

현 사 유 합　대 도 가 명
賢士有合 大道可明

능력을 알아주는
사람을 만나야
큰 뜻을 펼칠 수 있다.

《울료자》

훌륭한 인재는 자신의 능력을 알아주는 사람을 만나야 능력을 발휘할 수 있습니다. 나를 알아주고 응원해주는 사람을 만나 내 꿈을 아낌없이 펼칠 수 있는 기회를 얻는 것도 인생의 큰 행운입니다.

賢 어질 현 | 士 선비 사 | 有 있을 유 | 合 합할 합 | 大 클 대 | 道 길 도 | 可 가할 가 | 明 밝힐 명

독 립 불 구
獨立不懼

홀로 서서
두려워하지 말라.

《주역》

살다 보면 인생이 흔들리는 위기를 맞기도 합니다. 이런 급박한 상황을 만나면 마음이 흔들리기 시작합니다. 그러나 위기가 다가올 때는 마음을 굳게 먹어야 합니다. 두려움 없이 위기에 맞선다면 그 위기가 인생에서 가장 큰 기회가 될 수 있습니다.

獨 홀로 독 | 立 설 립 | 不 아니 불 | 懼 두려워할 구

대 인 후 행
待人後行

제대로 된 사람을 기다린 후에야 일이 제대로 시행된다.

《중용》

어떤 일을 수행할 능력과 자질을 갖춘 사람을 뽑아서 그 자리에 앉혀야 일이 제대로 돌아갑니다. 부리기에 편한 사람만 주변 자리에 앉힌다면 그 결과는 명약관화합니다. 제대로 된 사람을 쓰는 사회가 선진국입니다.

待 기다릴 대 | 人 사람 인 | 後 뒤 후 | 行 행할 행

무 지 이 위 용
無之以爲用

없음이 진정
쓸모 있는 것이다.

《도덕경》

재산을 쌓는 것과 쓰는 것은 전혀 다른 문제입니다. 돈은 사용되는 과정에서 비로소 가치가 창출되지요. 즉 돈의 가치가 만들어지려면 소유를 포기하고 사용해야 합니다. 돈을 잘 버는 것도 중요하지만 잘 비움으로써 진정한 가치를 만드는 것도 중요합니다.

無 없을 무 | 之 어조사 지 | 以 써 이 | 爲 할 위 | 用 쓸 용

사 하 지 청
俟河之淸

황하의 물이
맑아지기를 기다린다.

《춘추좌씨전》

황하의 물이 맑아지기를 기다리고 있기엔 인간의 수명이 너무나 짧습니다. 미래에 얽매이지 않고 오늘이 내 인생의 마지막 날이라고 생각하며 최선을 다해 살아가는 것이 지혜로운 사람들의 인생철학입니다.

俟 기다릴 사 | 河 황하 하 | 之 의 지 | 淸 맑을 청

성 동 격 서
聲東擊西

소리는 동쪽으로 지르고
공격은 서쪽으로 하라.

《통전》

내가 원하는 곳을 쉽게 가지려면 상대방의 주의를 다른 곳으로 돌리게 한 뒤, 결정적인 순간에 원하는 곳으로 치고 들어가는 것이 한 방법입니다. 의도를 함부로 보이지 않는 양동작전이지요. 소리 없는 전쟁이 벌어지고 있는 이 시대의 생존 전략입니다.

聲 소리 성 | 東 동녘 동 | 擊 공격할 격 | 西 서녘 서

중 석 몰 촉
中石沒鏃

정신을 집중하고 쏜 화살이 돌에 깊숙이 박힌다.

《사기》

한나라 이광 장군이 어둠 속에서 호랑이를 발견하고 활을 당겼습니다. 다가가 보니 호랑이가 아니라 큰 돌에 화살이 깊이 박혀 있었습니다. 다시 돌을 향해 쏘아보았으나 화살은 돌에서 튕겨 나왔습니다. 정신을 집중하고 인생을 산다면 어려운 일도 반드시 이룰 수 있다는 뜻입니다.

中 맞힐 중 | 石 돌 석 | 沒 빠질 몰 | 鏃 화살 촉

^{종 신 지 우}
終身之憂

종신토록
세상을 걱정하라.

《맹자》

나 혼자 잘 먹고 잘 살려는 사람은 절대 지도자가 되어서는 안 됩니다. 이웃과 사회를
걱정하는 것이 군자의 덕목이며, 내 안위와 출세만 생각하는 것은 소인의 근심입니다.
주변 사람을 위해 종신의 근심을 가진 사람만이 진정 군자라 할 수 있습니다.

終 마칠 종 | 身 몸 신 | 之 의 지 | 憂 근심 우

순 목 지 천 이 치 기 성
順木之天 以致其性

나무의 천성을 이해하면
그 본성을 다스릴 수 있다.

〈종수곽탁타전〉

나무를 키우는 사람이 나무의 본성과 천성을 이해하지 못하면 그 나무는 제대로 자라지 못할 것입니다. 상대방의 입장에서 생각해보는 배려를 잊은 사람들이 많습니다. 내 생각만 옳다고 하는 요즘 이 철학이 더욱 가슴 깊이 들어옵니다.

順 순할 순 | 木 나무 목 | 之 의 지 | 天 하늘 천 | 以 써 이 | 致 이를 치 | 其 그 기 | 性 성품 성

심 재 허 이 대 물
心齋虛而待物

마음의 재계는
마음을 비우고
상대를 기다리는 것이다.

《장자》

내 마음을 먼저 깨끗이 하고 상대방을 대하면 그를 설득할 수 있고, 또한 자신도 다치지 않습니다. 세상 어느 누구도 강제로 설득할 수 없습니다. 내 마음을 비우고 상대방과 소통하려고 할 때 상대방도 나를 받아들이게 됩니다.

心 마음 심 | 齋 재계할 재 | 虛 빌 허 | 而 말 이을 이 | 待 기다릴 대 | 物 사물 물

과 연 후 개
過然後改

사람은
잘못을 저지르고 난 후에
비로소 고칠 수 있다.

《맹자》

사람은 실수를 통해 성장하고 패배를 통해 승리의 기반을 마련합니다. 실수를 숨기지 않고 오히려 내보임으로써 다시는 그런 실수를 반복하지 않기 위한 기반을 닦는 것은 훌륭한 일입니다.

過 잘못 과 | 然 그러할 연 | 後 뒤 후 | 改 고칠 개

궁 즉 변 변 즉 통
窮則變 變則通

궁하면 변하게 되고
변하면 통하게 된다.

《주역》

세상에 답이 없는 경우는 없습니다. 문제는 답이 없다고 포기하는 것이죠. 일이 안 되고 도저히 답이 없다고 생각될 때가 있어도 주저앉지 않고 노력한다면 그 궁함이 반드시 통할 것입니다. 세상에는 영원한 평화도, 영원한 위기도 없습니다.

窮 궁할 궁 | 則 곧 즉 | 變 변할 변 | 通 통할 통

야 장 몽 다
夜長夢多

밤이 길어서 잠을 많이 자면 그만큼 꿈도 많이 꾼다.

《동국이상집》

너무 모자라도 문제지만 너무 과해서 문제인 것도 많습니다. 어떤 일을 결정할 때 또한 갑자기 결정해도 문제지만 너무 심사숙고해 결정해도 문제가 될 수 있습니다. 적당한 생각과 고민이야말로 균형 잡힌 인생을 사는 지름길입니다.

夜 밤 야 | 長 길 장 | 夢 꿈 몽 | 多 많을 다

견 위 수 명
見危授命

위기를 만났다면
목숨을 던져라.

《논어》

위기는 소리 없이 찾아옵니다. 그러나 위기가 아예 오지 않는 것보다
중요한 것은 그 위기에 대처하는 자세입니다. 적극적으로 목숨을 걸고
나서면 어떤 위기도 더는 커지지 않습니다.

見 볼 견 | 危 위기 위 | 授 바칠 수 | 命 **목숨 명**

의 인 물 사   사 인 물 의
疑人勿使 使人勿疑

사람이 의심스러우면
쓰지 말고
쓰기로 했으면 의심하지 말라.

《금사》

사람을 등용하는 인사에 대한 중요성은 아무리 강조해도 지나치지 않습니다. 사람이 의심스러우면 아예 인연을 맺지 말고, 한 번 사람과 인연을 맺었다면 신뢰해야 합니다. 서로 신뢰하는 관계만이 오래 갈 수 있습니다.

疑 의심할 의 | 人 사람 인 | 勿 말 물 | 使 사용할 사

불 약 무 언
不若無言

아무 말 안 하느니만 못하다.

《백사집》

얼마나 많은 말을 하는지보다 얼마나 필요한 말을 하는지가 더 중요합니다. 특히 아무리 논리가 훌륭하고 내용이 좋아도 실천할 수 없는 말이라면 차라리 아무 말도 하지 않는 것이 혼란을 줄이고 시간을 절약하는 방법입니다.

不 아니 불 | 若 같을 약 | 無 없을 무 | 言 말씀 언

_{낙 처 락 비 진 락}
樂處樂非眞樂

즐겁고 행복한 곳에서
즐거움은
진정한 즐거움이 아니다.

《채근담》

매일매일 놀고 있는 사람이 노는 즐거움보다, 바쁘게 일하던 사람이 잠깐 휴식을 취하며 노는 즐거움이 더욱 큰 즐거움일 것입니다. 부족함에서 오는 충만함, 바쁨에서 오는 여유야말로 세상의 어떤 배부름보다도 큰 행복입니다.

樂 즐거울 락 | 處 곳 처 | 非 아닐 비 | 眞 참 진

손과 발처럼 여기면
배와 심장처럼 대한다.

《맹자》

상대방이 나를 존중하면 나도 그를 내 몸처럼 대하기 마련이고, 그가 나를 무시하면 나도 그를 무시하는 것이 인지상정입니다. 상대방이 잘 해주기를 바라기 전에 내가 먼저 상대방에게 잘 해줄 수 있는 방법을 고민합시다.

手 손 수 | 足 발 족 | 腹 배 복 | 心 심장 심

위 정 유 목
爲政猶沐

정치를 하는 것은
머리를 감는 것과 같다.

《한비자》

머리를 감으면 머리카락이 빠지지만 그만큼 새로운 머리카락이 나옵니다.
정치라는 것이 사회를 더욱 어렵게 할 수 있지만 새로운 사회의 발전을 가
져올 수도 있습니다. 더 좋은 사회가 이뤄지기를 기대해봅니다.

爲 할 위 | 政 정사 정 | 猶 같을 유 | 沐 머리 감을 목

_{검 약 무 화}
儉約無華

검소하게 절약하여
화려해서는 안 된다.

정약용

예부터 검소함은 군자가 지켜야 할 생활신조였습니다. 특히 다산 정약
용 선생은 공직자가 국가 재정을 사용할 때 집안 살림을 하듯이 검소
해야 한다고 강조했습니다. 이렇듯 인생을 검소하게 사는 것은 나 자신
뿐만 아니라 국가를 위한 자세이기도 합니다.

儉 **검소할 검** | 約 **검소할 약** | 無 **없을 무** | 華 **빛날 화**

<ruby>死而後已<rt>사 이 후 이</rt></ruby>

사 이 후 이
死而後已

죽고 나서야 임무에서
벗어날 수 있다.

《논어》

죽고 나서야 내 임무가 끝난다는 결연한 의지를 담고 있는 이 구절은 국가를 위해 목숨을 걸고 충성을 다하겠다는 뜻입니다. 죽어야 그 임무가 끝나니 얼마나 멀고 고된 길이겠습니까? 세상의 막중한 임무를 진 리더들이 늘 고민해야 할 철학입니다.

死 죽을 사 | 而 말 이을 이 | 後 뒤 후 | 已 그칠 이

후 안 흑 심
厚顔黑心

얼굴은 두꺼울수록,
마음은 안 보일수록 좋다.

이종오

체면, 자존심, 명분, 의리, 참으로 중요한 덕목입니다. 그러나 남의
눈치와 평가에 연연하여 정작 중요한 결정을 내리지 못할 바에는
자기중심을 찾고 실리와 현실을 따지는 것이 난세에 생존하는 방
법일 것입니다.

厚 **두꺼울 후** | 顔 **얼굴 안** | 黑 **검을 흑** | 心 **마음 심**

절 차 탁 마
切磋琢磨

좋은 옥은
자르고, 썰고, 쪼고, 다듬어야
만들어진다.

《시경》

좋은 옥은 하루아침에 만들어지지 않습니다. 옥의 원석을 자르고, 썰고, 쪼고, 갈고, 다듬는 과정을 거쳐야 최고의 옥이 완성되지요. 성공한 사람들도 그렇습니다. 하루도 거르지 않고 꿈과 희망을 향하여 정진해야 비로소 성과를 올릴 수 있습니다.

切 자를 절 | 磋 썰 차 | 琢 쫄 탁 | 磨 갈 마

불 가 승 자 수 야
不可勝者守也

이길 수 없는
상황에서는 수비하라.

《손자병법》

전략은 지지 않기 위한 선택입니다. 백 번 이기는 것도 좋지만 백 번 모두 지지 않는 것이 더 중요합니다. 세상의 동향을 살피며 결정적인 기회가 왔을 때 공격해도 늦지 않습니다. 때로는 수비와 기다림이 공격보다 위대한 결과를 낼 수 있습니다.

不 아니 불 | 可 가할 가 | 勝 이길 승 | 者 곳 자 | 守 지킬 수 | 也 어조사 야

맹 수 이 복　인 심 난 항
猛獸易伏 人心難降

맹수는 쉽게 복종시켜도
사람의 마음은
항복시키기가 어렵다.

《채근담》

총칼로 위협하여 사람을 복종시키더라도 그 마음까지 굴복시킬 수는 없습니다. 사람들은 언젠가 독재자에 대항하여 거대한 권력을 무너뜨리고 맙니다. 결국 사람의 마음을 복종시키는 것은 힘이 아니라 진심입니다.

猛 사나울 맹 | 獸 짐승 수 | 易 쉬울 이 | 伏 엎드릴 복 | 人 사람 인 | 心 마음 심 | 難 어려울 난 | 降 항복할 항

^{혁 구 습}
革舊習

구습을 혁파하라.

《격몽요결》

못된 습관은 나의 발전을 막는 가장 큰 걸림돌입니다. 게으름, 부정적인 사고방식, 흡연과 음주 등 못된 습관은 너무나 많습니다. 새로운 나를 만들기 위해서는 이러한 구습을 단칼에 혁파해야 합니다. 구습을 잘라낼 수 있는 가장 빠른 시기는 바로 지금입니다.

革 바꿀 혁 | 舊 옛 구 | 習 습관 습

심 미 필 유 심 악
甚美必有甚惡

심히 아름다운 것에는
그만큼 심히 악한 것이 있다.

《춘추좌씨전》

예쁜 버섯이 그만큼 독을 품고 있다는 것은 잘 알려진
상식입니다. 물론 사람이 아름답다고 해서 반드시 나쁜
점을 지니고 있는 것은 아닙니다. 그러나 표면의 아름다
움은 늘 경계하는 마음을 가질 필요가 있습니다.

甚 심할 심 │ 美 아름다울 미 │ 必 반드시 필 │ 有 있을 유 │ 惡 악할 악

고 육 계
苦肉計

고통을 감수하고
살을 도려내라.

《삼국지연의》

세상을 살다 보면 아파도 나의 가장 소중한 부분을 잘라내야 할 때가 있습니다. 누가
일부러 자기 몸에 상처를 내려고 하겠습니까? 그러나 생존을 위협하는 절체절명의 순
간에는 고통을 감내하고 과감하게 소중한 것을 포기하는 결단도 필요합니다.

苦 쓸 고 | 肉 살 육 | 計 계책 계

풍 우 동 주
風雨同舟

바람이 불고 비가 내리는
어려움 속에서
같은 배를 타다.

《손자병법》

서로 원수지간이라 할지라도 같은 배를 타고 항해하고 있다면 손과 발을 형제처럼 맞춰야 살아남을 수 있습니다. 어떤 역경이 다가오든 서로 힘을 합치면 그 역경을 극복할 수 있다는 뜻입니다.

風 바람 풍 | 雨 비 우 | 同 같을 동 | 舟 배 주

전 승 불 복
戰勝不復

전쟁의 승리는
반복되지 않는다.

《손자병법》

지금의 승리에 자만하다가는 성공이 곧 실패로 바뀔 수 있습니다. 사람들은 서로 먹고
먹히는 사슬에 걸려 있으면서 자신이 영원한 승리자인 듯 착각하곤 합니다. 승리에 도
취되는 순간, 이미 패배는 등 뒤에서 기다리고 있습니다.

戰 싸울 전 | 勝 이길 승 | 不 아니 불 | 復 다시 복

창 왕 찰 래
彰往察來

지나간 과거를 밝혀서
다가올 미래를 살핀다.

《주역》

미래는 과거와 현재를 바탕으로 생겨나는 시간이기에 분석하여 예측할 수 있다는 것이 《주역》의 세계관입니다. 금세 떴다가 사라지는 유행이 아닌 과거의 기본을 이해하는 것이 진정 미래를 대비하는 통찰력 있는 사람의 모습이라 할 것입니다.

彰 밝힐 창 | 往 지나갈 왕 | 察 살필 찰 | 來 올 래

무 항 산 무 항 심
無恒産 無恒心

항상 하는 직업이 없으면
항상 하는 마음도 없게 된다.

《맹자》

배가 부르고 등이 따뜻해야 비로소 윤리와 도덕이 생긴다고 합니다. 항심, 즉 윤리와 도덕은 사람이 지켜야 할 중요한 덕목이지만, 민생의 안정 없이 도덕과 윤리만을 강조한다면 사람들은 쉽게 따르지 않을 것입니다.

無 없을 무 | 恒 항상 항 | 産 낳을 산 | 心 마음 심

군 맹 무 상
群盲撫象

앞 못 보는 사람들이
코끼리를 만진다.

《열반경》

자신이 생각하는 것만 옳다고 주장하고 남이 생각하는 것은 그르다는
편견에 빠진 사람이 많은 요즘입니다. 그러나 자신의 견해만 진실이라
고 믿는다면 세상의 진실에서는 점점 멀어질 것입니다.

群 무리 군 | 盲 눈멀 맹 | 撫 쓰다듬을 무 | 象 코끼리 상

순 망 치 한
脣亡齒寒

입술이 없으면
이가 시리다.

《춘추좌씨전》

기업이나 조직은 오로지 자신들의 안위만을 위해 주변을 벼랑 끝으로 내몰기도 하지요. 그러나 이런 난세에는 상생을 추구하는 조직이 살아남을 수밖에 없다는 생각을 해 봅니다. 세상에 나 혼자 잘나서 되는 일은 없습니다.

脣 입술 순 | 亡 없을 망 | 齒 이 치 | 寒 추울 한

_{수 처 작 주}
隨處作主

어디에 있더라도
늘 주인이 되어 살아야 한다.

《임제록》

세상의 주인은 바로 나이며, 나는 누구의 명령이나 지시에 의하여 움직이는 존재가 아니라 자유의지를 가진 나 자신의 주인이라는 마음으로 살아야 합니다. 진리는 밖에 있는 것이 아니라 바로 내 안에 있다는 생각, 그것이 진정 참 나를 찾는 길입니다.

隨 따를 수 | 處 곳 처 | 作 될 작 | 主 주인 주

불 인 지 심
不忍之心

타인의 불행을 차마 보지 못하는 마음.

《맹자》

굶주림으로 고통받는 어린이의 사연을 보고 가슴이 찡해질 때가 있습니다. 인간으로서 남의 불행을 차마 눈 뜨고 보지 못하는 선한 마음이 있기 때문입니다. 이러한 불인지심을 가지고 국민의 아픔에 공감하는 리더가 필요한 요즘입니다.

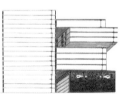

不 아니 불 | 忍 참을 인 | 之 의 지 | 心 마음 심

폐 동 불 고　초 목 불 무
閉凍不固 草木不茂

겨울에 얼음이 단단하지 않으면
여름에 초목이 무성하지 못한다.

《한비자》

추운 겨울, 얼음이 단단하게 얼수록 땅은 다져지고, 다가올 봄과 여름에는 그 기운으로 초목이 무성하게 자라납니다. 어떤 어려운 상황에서도 결코 포기하지 않는 자만이 한 걸음 내디딜 수 있다는 진리를 다시 한번 생각해봅니다.

閉 닫을 폐 | 凍 얼 동 | 不 아니 불 | 固 굳을 고 | 草 풀 초 | 木 나무 목 | 茂 무성할 무

불 천 노
不遷怒

자신의 분노를
남에게 옮기지 말라.

《논어》

잠깐 참으면 괜찮을 일에 분노해 타인에게 그 불을 옮기는 경우가 비일비재합니다. 세상에 분노하지 않는 사람이 누가 있겠습니까? 그러나 무작정 화를 내는 사람보다 주변에 그 분노를 옮기지 않기 위해 노력하는 사람이 진정 성숙한 사람일 것입니다.

不 아니 불 | 遷 옮길 천 | 怒 성낼 노

불 궁 기 마
不窮其馬

유능한 마부는 말을 부릴 때 말을 너무 몰아붙이지 않는다.

《순자》

백성을 너무 압박하고 재촉하면 결국 백성의 마음을 잃게 될 것이라는 경고입니다. 가정에서 자식이든, 국가에서 국민이든, 기업에서 직원이든 너무 급박하게 몰아붙이면 결국 반발할 것이란 사실을 잊지 말아야 합니다.

不 아니 불 | 窮 궁할 궁 | 其 그 기 | 馬 말 마

항 룡 유 회
亢龍有悔

끝까지 올라간 용이
후회를 한다.

《주역》

높이 올라간 용은 눈물을 흘립니다. 높이 올라간 만큼 내려와야 하기 때문입니다. 우리는 목표를 향해 수단과 방법을 가리지 않고 달려갑니다. 그러나 목표를 달성한 후에는 그것이 얼마나 허망한지를 깨닫게 되지요. 오름과 내림은 성공의 두 날개입니다.

亢 **오를 항** | 龍 **용 룡** | 有 **있을 유** | 悔 **후회할 회**

역 소 임 중
力小任重

역량은 작은데
맡은 임무가 무겁다.

《주역》

모래밭이나 개펄에 사는 작은 망둥이가 숭어가 뛰는 것을 보고 자신의 능력을 망각한 채 날뛰면 안 되겠지요. 자신의 역량을 고려하지 않고 큰일을 벌이려는 사람에 대한 경계의 구절이자 분수도 모르는 사람에게 보내는 경고입니다.

力 힘 력 | 小 작을 소 | 任 맡을 임 | 重 무거울 중

유 선 즉 명
有仙則名

신선이 살면
명산이 된다.

〈누실명〉

궁벽한 산도 그곳에서 어떤 생각을 가지고 사느냐에 따라 평화
롭고 아름다운 산이 될 수 있습니다. 불행에 좌절하지 않고 그
불행을 새로운 행복으로 전환시킨다면 진정한 자유인이라 할
것입니다.

有 있을 유 | 仙 신선 선 | 則 곧 즉 | 名 이름 명

조 탁 복 박
雕琢復朴

화려한 꾸밈을 버리고
순박함으로 돌아가라.

《장자》

남에게 잘 보이기 위해서 꾸미거나 수식하지 말고 본래의 내 모습을 찾는 것이 중요합니다. 물론 전혀 남의 시선을 의식하지 않는 것도 문제가 있습니다. 그러나 오로지 남의 시선만을 위하여 내 참모습을 버리는 것은 더욱 큰 문제입니다.

雕 깎을 조 | 琢 쫄 탁 | 復 돌아갈 복 | 朴 순박할 박

병 자 궤 도
兵者詭道

전쟁은 속이는
도이다.

《손자병법》

요즘 사람들은 지나치게 솔직한 경향이 있습니다. 그러나 자신의 의도와 생각을 모두 드러내고 상대방과 일전을 불사한다면 이는 지혜가 부족한 사람일 겁니다. 사람을 속이는 것이 미덕은 아니지만, 다만 전략적이고 이성적인 생각은 필요합니다.

兵 전쟁 병 | 者 사람 자 | 詭 속일 궤 | 道 길 도

지 지 불 태
知止不殆

어디에 있어야 하는지 알면
위태롭지 않다.

《도덕경》

내가 있어야 할 자리인지 아닌지만 정확히 알아도 평생 수치스러운 일은 당하지 않을 것입니다. 과연 나는 내가 있어야 할 자리에서 자리에 걸맞은 일을 하고 있는가를 고민하는 것이야말로 성찰하며 사는 인생입니다.

知 알 지 | 止 그칠 지 | 不 아니 불 | 殆 위태로울 태

^{반 자 도 지 동}
反者道之動

거꾸로 가는 것이
도의 운동이다.

《도덕경》

다수의 결정이 늘 좋은 결과를 불러오는 것은 아니죠. 이런 현실을
보면 해답은 세상 사람들이 전부 옳다고 말하는 길의 반대에 있을
지도 모르겠습니다. 안전한 길은 오히려 위태롭고 그른 길처럼 보
일 수 있습니다.

反 거꾸로 반 | 者 사람 자 | 道 길 도 | 之 의 지 | 動 움직일 동

10월

4월

애 자 승 의
哀者勝矣

슬퍼하는 자가
반드시 이긴다.

《도덕경》

전쟁은 어쩔 수 없는 마지막 선택입니다. 이러한 전쟁에서는 국민에게 올 피해를 슬퍼하는 사람이 이기게 되어 있습니다. 주도권을 잡지 못하는 것 같아도 국민을 위한 결정을 내린다면 모든 국민의 마음을 얻을 것이기 때문입니다.

哀 슬플 애 | 者 사람 자 | 勝 이길 승 | 矣 어조사 의

_{구 즉 득 지　사 즉 실 지}
求則得之 舍則失之

구하면 얻을 것이요,
버리면 잃을 것이다.

《맹자》

인간은 누구든 간절히 원하고 구하면 자신의 훌륭한 본성을 회복하고 위대한 사람으로 거듭날 수 있습니다. 세상을 살다 보면 자신감을 잃거나 자기 자신이 보잘것없게 느껴질 때가 있습니다. 그럴 때는 맹자의 말을 떠올려보시기 바랍니다.

求 **구할 구** | 則 **곧 즉** | 得 **얻을 득** | 之 **어조사 지** | 舍 **버릴 사** | 失 **잃을 실**

이 의 위 리

以義爲利

의를 이익으로
삼아라.

《대학》

요즘 같은 세상에 무슨 도의와 명분을 찾아야 하냐고 할지 모르겠지만
그래도 해서는 안 되는 일은 있는 법입니다. 이익을 위해 의를 포기하
지 않고, 이익에 앞서 옳고 그른 것을 먼저 고민할 줄 알아야 합니다.

以 써 이 | 義 옳을 의 | 爲 할 위 | 利 이로울 리

제 하 분 주
濟河焚舟

강을 건넌 뒤
배를 불태워라.

《춘추좌씨전》

결전의 날, 타고 갈 배를 불태우면 더 이상 돌아갈 방법이 없겠죠. 누구에게나 세상을 살면서 인생의 전기가 될 만한 결단의 순간이 필요합니다. 죽음을 각오하고 배수진을 치는 것 또한 장애물을 넘기 위한 방법 중 하나입니다.

濟 건널 제 | 河 강물 하 | 焚 불사를 분 | 舟 배 주

매 사 문
每事問

아는 것도
항상 물어라.

《논어》

어느 조직이든 그곳만의 법과 원칙이 있습니다. 내가 아는 지식만 가지고 다른 곳에서
목소리를 높인다면 진정 예를 아는 자의 모습이 아니지요. 나의 원칙이 소중한 만큼
상대방의 원칙도 소중하게 여길 때 진정 소중한 사람이 될 수 있을 것입니다.

每 매양 매 | 事 일 사 | 問 물을 문

권 토 중 래
捲土重來

흙먼지 일으키며
다시 돌아오리라.

〈제오강정〉

절망하지 않으면 새로운 희망은 자랍니다. 지금 비록 패배했지만 잠시 치욕과 분노를 참고 훗날을 기약하겠다는 권토중래의 철학을 되새겨봅니다. 포기하지만 않는다면 반드시 기회는 있습니다.

捲 말 권 | 土 흙 토 | 重 거듭할 중 | 來 올 래

심 부 재 언　시 이 불 견
心不在焉 視而不見

마음에 있지 않으면
보아도 보이지 않는다.

《대학》

마음으로 다가가기 전에는 세상 어느 것도 아름답고 훌륭하게 느껴
지지 않습니다. 마음에 없으면 예쁜 꽃도 예쁘지 않고, 진수성찬도
맛있지 않은 것이지요. 이 마음만 잘 다스린다면 세상은 얼마든지 행
복하고 아름다울 수 있을 것 같습니다.

心 마음 심 | 不 아니 부 | 在 있을 재 | 焉 어조사 언 | 視 볼 시 | 而 말 이을 이 | 見 볼 견

타 면 자 건
唾面自乾

남이 뱉은 침은 바로 닦지 말고
마를 때까지 기다려라!

《십팔사략》

남이 나의 얼굴에 침을 뱉을 때 바로 닦으면 그 사람의 뜻을 거스르는 것이 되므로 그 침이 저절로 마를 때까지 기다린다는 구절입니다. 비록 인간으로서 견딜 수 없는 수모이지만 그 수모를 견뎌내는 것이 진정한 용기라는 충고입니다.

唾 침 뱉을 타 | 面 얼굴 면 | 自 스스로 자 | 乾 마를 건

불 환 무 위
不患無位

지위가 없음을
근심하지 말라.

《논어》

높은 자리에 오르길 바라는 것은 너무나 당연합니다. 그러나 그보다 먼저 그 자리에 오를 만한 자격을 갖추는 것이 도리입니다. 자리가 없다고 불평만 한다면 수단과 방법을 가리지 않고 자리에 연연하는 사람이 되고 맙니다.

不 아니 불 | 患 근심 환 | 無 없을 무 | 位 자리 위

이 인 동 심 기 리 단 금
二人同心 其利斷金

두 사람의 마음이
하나가 된다면
쇠도 자를 수 있다.

《주역》

어렵고 힘든 일이라도 마음을 하나로 모은다면 극복할 수 있습니다. 어려운 시대를 살아가는 비법 중 하나가 바로 똘똘 뭉치는 것입니다. 나 혼자가 아니라 여러 사람의 힘과 능력이 하나로 합쳐지면 이 세상에 해내지 못할 일이 없습니다.

二 두 이 | 人 사람 인 | 同 같을 동 | 心 마음 심 | 其 그 기 | 利 날카로울 리 | 斷 끊을 단 | 金 쇠 금

대 성 약 결
大成若缺

정말 완전한 것은
무언가 빠진 것처럼 보인다.

《도덕경》

완벽함, 정직, 채움, 곧음 같은 것들은 어쩌면 겉으로는 부족해 보이고, 부정직해 보이고, 비어 보이고, 굽어 보일 수 있습니다. 이면을 볼 수 있는 안목, 우리들의 편견 어린 생각 뒤에 숨어 있는 위대함을 보는 눈을 찾아야 할 때가 아닌가 싶습니다.

大 클 대 | 成 이룰 성 | 若 같을 약 | 缺 이지러질 결

배 중 사 영
杯中蛇影

술잔 가운데
없는 뱀 그림자가 보인다.

《진서》

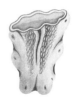

실체도 없는 일을 괜히 걱정할 필요는 없습니다. 우리는 상대방이 내뱉은 한마디에 밤새 고민하기도 하고, 있지도 않은 상대방의 의도를 만들어내기도 합니다. 마음이 흔들리면 인생도 흔들리기 마련입니다. 남의 평가에 휘둘려서는 안 됩니다.

杯 잔 배 | 中 가운데 중 | 蛇 뱀 사 | 影 그림자 영

_{수 기 치 인}
修己治人

나를 수양해
타인을 다스린다.

《대학》

리더는 자신을 수양하여 주변인을 편안하게 해주는 사람이 되어야 합니다. 타인을 이
끌어나갈 때 자신이 수양되어 있지 않으면 리더로서 자격이 없다는 뜻이기도 합니다.
나를 먼저 수양하여 천하를 경영할 것, 오래되었지만 중요한 원칙입니다.

修 닦을 수 | 己 몸 기 | 治 다스릴 치 | 人 사람 인

물 령 망 동
勿令妄動

함부로 망령되이
움직이지 말라.

이순신

함부로 처신하여 망신을 당하거나 조급하게 결정하여 대사를 그르치는 일은 없어야 하겠죠. 옥포해전에서 이순신 장군이 병사들에게 내린 물령망동의 명령은 오늘날에도 되새겨볼 가치가 있습니다.

勿 말 물 | 令 하여금 령 | 妄 망령될 망 | 動 움직일 동

쾌 도 난 마
快刀亂麻

복잡할 때는
한칼로 끊어라!

《북제서》

살다 보면 쉽게 해결할 수 있는 문제를 너무 복잡하게 풀려고 할 때가 있습니다. 이럴 때는 문제를 단순화해보면 어떨까요? 엉켜서 풀리지 않는 실은 칼을 들어 단번에 잘라버리는 것이 오히려 쉬운 길일 수 있습니다.

快 날카로울 쾌 | 刀 칼 도 | 亂 어지러울 난 | 麻 삼 마

치 병 막 여 적 시
治病莫如適時

병을 고치는 데
때를 놓쳐서는 안 된다.

《사기》

병은 초기에 잡아야 한다고 합니다. 이것이 어디 병을 고치는 일에만 적용되는 이치겠습니까? 어떤 일이든 그 일이 커지기 전에 미리 조심하는 것이 상책입니다. 미리 예방하는 것, 그것이 세상을 살아가는 지혜입니다.

治 다스릴 치 | 病 병 병 | 莫 없을 막 | 如 같을 여 | 適 딱 맞을 적 | 時 때 시

득 어 망 전
得魚忘筌

물고기를 잡았으면
통발은 잊어라.

《장자》

돈은 행복해지기 위한 수단이라는 데 모두 동의합니다. 그런데 목표보다 목표 달성을 위한 수단에 연연하는 사람들이 있습니다. 돈에 집착하여 진정한 행복을 만나지 못한다면 목표와 수단이 전도된 것이겠죠. 수단에 집착하고 있지 않은지 생각해봅시다.

得 얻을 득 | 魚 물고기 어 | 忘 잊을 망 | 筌 통발 전

이 문 불 여 목 견
耳聞不如目見

귀로 듣는 것은
눈으로 보는 것만 못하다.

《설원》

아무리 많은 정보를 들어도 현장에 가서 눈으로 한 번 확인하는 것이 낫습니다. 귀로 듣지만 말고 눈으로 보고, 눈으로 보지만 말고 발로 뛰고, 발로 뛰지만 말고 손으로 직접 하라는 것입니다.

耳 귀 이 | 聞 들을 문 | 不 아니 불 | 如 같을 여 | 目 눈 목 | 見 볼 견

천 지 비
天地否

하늘과 땅이 막혀 있다.

《주역》

어떤 조직이든 소통이 중요합니다. 그러나 하늘이 위로만 향하여 군림하려 하고, 땅은 자신이 잘났다고 아래로만 등을 돌리고 있으면 소통은 단절됩니다. 오로지 지도자가 낮은 곳으로 임할 때 백성이 그를 하늘처럼 믿고 따를 수 있습니다.

天 하늘 천 | 地 땅 지 | 否 막힐 비

주 복 내 견 선 유
舟覆乃見善游

배가 전복되어야
그 사공이
수영을 잘하는지 알 수 있다.

《회남자》

시대가 어렵고 국가가 절체절명의 위기에 빠졌을 때 비로소 능력 있는 사람이 자신의 능력을 발휘하여 조직을 위기에서 구해내는 모습을 볼 수 있습니다. 시련을 당해봐야 그 사람의 진가를 알 수 있는 것입니다.

舟 배 주 | 覆 엎어질 복 | 乃 곧 내 | 見 볼 견 | 善 잘할 선 | 游 헤엄칠 유

조 호 이 산
調虎離山

호랑이를 유인해
산에서 떠나게 하라.

《삼십육계》

호랑이를 산에서 떠나게 하는 방법은 두 가지가 있습니다. 직접 호랑이를 상대해 쫓아내는 것과 호랑이가 스스로 떠나도록 만드는 것이지요. 반드시 적과 정면 대결해 피를 흘릴 필요는 없습니다. 싸우지 않고 이기는 것이야말로 지혜로운 승리 전략입니다.

調 고를 조 | 虎 범 호 | 離 떠날 이 | 山 뫼 산

회 사 후 소
繪事後素

그림 그리기는
하얀 바탕이
있은 후에 할 일이다.

《논어》

아름다운 그림과 채색은 하얀 바탕이 있어야만 비로소 빛을 발합니다. 내면의 아름다움이 받쳐주지 못하는 외모는 허상인 것이지요. 본말이 전도되고 선후가 뒤바뀐 요즘, 가슴 깊이 와닿는 철학입니다.

繪 그림 회 | 事 일 사 | 後 뒤 후 | 素 흴 소

관 문 착 적
關門捉賊

문을 잠그고
도적을 잡아라.

《손자병법》

독 안에 든 쥐에게 도망갈 길을 터주어야 할 때도 있지만, 사방을 막고 완전히 가두어야 할 때도 있습니다. 후환을 없애고 뿌리를 끊기 위해서는 모든 문을 걸어 잠그고 철저하게 발본색원하는 것이 올바른 선택일 수 있습니다.

關 **잠글 관** | 門 **문 문** | 捉 **잡을 착** | 賊 **도둑 적**

<ruby>불 성 무 물</ruby>
不誠無物

성실함이 없다면
존재도 없다.

《중용》

성실함은 세상 모든 것을 이루는 원리이며, 성실함이 없다면 그 어떤 존재도 있을 수 없습니다. 우리 인간 역시 이 자연의 성실함을 본받아야 합니다. 자연이 그러하듯 언제나 순수한 마음으로 성실히 지속하다 보면 산과 바다처럼 큰 존재가 될 수 있습니다.

不 아니 불 | 誠 성실할 성 | 無 없을 무 | 物 존재 물

포 전 인 옥
抛磚引玉

벽돌을 던져서
옥을 얻는다.

《삼십육계》

세상 모든 것을 다 가질 수는 없습니다. 무언가 버리지 않으면 절대로 얻을 수 없음은 너무나 자명한 일입니다. 조그만 것과 큰 것을 모두 가지려고 하는 사람들이 반드시 생각해보아야 할 포전인옥의 철학입니다.

抛 던질 포 | 磚 벽돌 전 | 引 끌 인 | 玉 구슬 옥

도 명 불 여 도 화
盜名不如盜貨

명예를 훔치는 것은 돈을 훔치는 것보다 더 나쁘다.

《순자》

인간의 욕망 중 가장 큰 것이 바로 명예에 대한 욕심이라고 합니다. 명예에 지나치게 집착하는 것에서 벗어나야 우리는 진정 자유로운 인생을 누릴 수 있습니다.

盜 훔칠 도 | 名 명예 명 | 不 아니 불 | 如 같을 여 | 貨 재물 화

금 옥 만 당 막 지 능 수
金玉滿堂 莫之能守

금과 옥이
집에 가득하다고 해서
다 지킬 수 있는 것은 아니다.

《도덕경》

아무리 돈을 벌어 금과 옥을 집에 쌓아놓고 산들 전부 지켜내기란 어렵겠지요. 그래서
금과 옥을 쌓아만 두는 것보다 그 재산을 남에게 베푸는 것이 어쩌면 재산을 지키는
진정한 방법일지도 모르겠습니다.

金 금금 | 玉 구슬 옥 | 滿 찰 만 | 堂 집 당 | 莫 없을 막 | 之 어조사 지 | 能 능할 능 | 守 지킬 수

선 언 즉 배
善言則拜

좋은 충고를 들으면
절을 하라.

《맹자》

세상에 나에게 좋은 말로 충고해주는 사람이 있다는 것은 행복한 일입니다. 그래서 위대한 성인들은 그 충고에 기뻐하고 절을 하며 상대방에게 고마움을 표시했던 것이지요. 남의 조언에 귀를 기울이는 것이 진정 지혜로운 자들의 생활방식입니다.

善 좋을 선 | **言** 말씀 언 | **則** 곧 즉 | **拜** 절할 배

순 수 견 양
順手牽羊

기회를 틈타
양을 끌고 간다.

《고금잡극》

기회가 있을 때마다 양을 한 마리, 두 마리 가져오다 보면 마침내 거대한 양 떼를 이룰 수 있습니다. 조그만 승리가 쌓이면 큰 승리를 거두리라는 뜻이지요. 비록 작더라도 작은 것이 모이면 누구도 예상치 못한 커다란 결과를 얻을 수 있습니다.

順 따를 순 | 手 손 수 | 牽 끌 견 | 羊 양 양

엄 이 도 종
掩耳盜鐘

귀를 막고
종을 훔친다.

《여씨춘추》

옛날에 어느 도둑이 종소리가 나는데도 자신의 귀를 막고 못 들은 척하며 종을 훔쳤다고 합니다. 자신의 귀만 틀어막는다고 객관적인 사실이 덮이지는 않습니다. 문제를 회피하지 말고 있는 그대로 인정하는 자세가 필요합니다.

掩 가릴 엄 | 耳 귀 이 | 盜 훔칠 도 | 鐘 쇠북 종

소 리 장 도
笑裏藏刀

웃음 속에 칼을 감춘다.

《구당서》

현대인은 날마다 자신의 의도를 감추며 산다고 합니다. 속으로는 화가 나도 고객을 웃음으로 대하고 직장 상사에게 머리를 숙이는 것은 가장 기본적인 생존 전략이기도 하지요. 다만 지혜로운 사람이라면 진정한 호의와 살의를 구별해야 할 것입니다.

笑 웃음 소 | 裏 속 리 | 藏 감출 장 | 刀 칼 도

기 자 불 립
企者不立

남보다 높이 서려 하는 사람은
제대로 서지 못할 것이다.

《도덕경》

남보다 앞서 발돋움해 한탕 일을 벌여서 한몫 보려는 사람은
결국 결말이 좋지 못할 것입니다. 평범함이 비록 하찮아 보일
지라도 그 평범함 속에 진리가 들어 있습니다.

企 발돋움할 기 | 者 사람 자 | 不 아니 불 | 立 설 립

줄 탁 동 기
啐啄同機

병아리가 알을 깨려고 할 때
어미 닭도
밖에서 쪼아야 한다.

《벽암록》

사람은 아무리 능력이 있고 똑똑해도 혼자서 살 수 없습니다. 알 속의 병아리와 어미 닭이 서로 행동을 주고받을 때 병아리가 알을 깨고 나올 수 있는 것처럼 말입니다. 여럿이 합심해야 목표를 이루고 꿈에 도달할 수 있습니다.

啐 빠는 소리 줄 | 啄 쫄 탁 | 同 한가지 동 | 機 틀 기

불 원 천 불 우 인
不怨天 不尤人

하늘을 원망하지 말고
남을 허물하지 말라.

《중용》

살다 보면 힘들고 어려운 일이 닥치기 마련입니다. 그럴 때마다 조상을 탓하고, 하늘을 원망하고, 주변 사람을 허물하면 결국 나만 더욱 힘들어질 뿐입니다. 다가온 운명에 최선을 다하면서 묵묵히 견뎌낼 때 진정 그 운명을 움켜쥘 수 있습니다.

不 아니 불 | 怨 원망할 원 | 天 하늘 천 | 尤 허물할 우 | 人 사람 인

이 일 대 로
以逸待勞

편히 쉬었다가
지친 적을 공격하라.

《손자병법》

피곤한 몸과 마음으로 하루를 시작한다면 어떤 일이든 제대로 완수하기 쉽지 않을 겁니다. 그러나 편안히 휴식하고 안정된 상태에서 준비 안 된 상대와 싸운다면 얼마든지 나의 열세를 극복할 수 있습니다.

以 써 이 | 逸 편안할 일 | 待 기다릴 대 | 勞 지칠 로

학 경 물 단
鶴脛勿斷

학의 다리가 길다고
자르지 말라.

《장자》

우리 사회는 몇 가지 기준을 정해놓고 그 기준을 따르는 것만이 잘 사는 인생이라고 강요하는 것 같습니다. 그러나 남의 모습을 답습하기만 한다면 결국 자신의 모습까지 잃어버릴 것입니다. 나만이 가지고 있는 삶의 가치를 돌아보아야 할 때입니다.

鶴 학 학 | 脛 정강이 경 | 勿 말 물 | 斷 끊을 단

시 은 물 구 보
施恩勿求報

은혜를 베풀었으면
보답을 바라지 마라.

《명심보감》

선물과 뇌물의 차이는 대가에 있다고 합니다. 대가를 바라면 뇌물이고 아무런 대가 없이 주면 선물인 것이지요. 무엇을 바라고 주었다면 더 이상 아름다운 선물일 수 없습니다. 고마운 사람에게 마음을 전했다면 그걸로 행복할 것입니다.

施 베풀 시 | 恩 은혜 은 | 勿 말 물 | 求 구할 구 | 報 갚을 보

존 객 지 전　부 질 구
尊客之前 不叱狗

존귀한 손님 앞에서는
개도 꾸짖지 않는다.

《예기》

훈계는 때와 장소를 가려서 해야 합니다. 시도 때도 없이 소리를 질러대고 욕을 한다면 아무리 그 질책과 훈계가 옳다고 해도 제대로 받아들이기 어렵겠지요. 훈계를 할 때도 적절한 시기와 장소가 있다는 소중한 성현의 말씀입니다.

尊 높을 존 | 客 손님 객 | 之 의 지 | 前 앞 전 | 不 아니 부 | 叱 꾸짖을 질 | 狗 개 구

지 상 매 괴
指桑罵槐

뽕나무를 가리키며
회화나무를 꾸짖는다.

《삼십육계》

우리는 하루에도 적잖이 분노를 쏟아냅니다. 그런데 그 분노가
일을 그르치고 좋은 관계를 망치기도 합니다. 직원을 혼내야 하
거나 윗사람에게 직언을 할 때 더욱 그렇지요. 분노를 직접 드러
내지 않고 우회하여 전달하는 것이 세상 사는 지혜입니다.

指 가리킬 지 | 桑 뽕나무 상 | 罵 꾸짖을 매 | 槐 회화나무 괴

택 선 고 집
擇善固執

최선을 선택하고
뚝심 있게
밀고 나가라!

《중용》

인생을 살면서 자신이 한 선택이 최선이라는 확신이 든다면 중도에 포기하거나 뒤돌아보지 말고 고집스럽게 밀고 나가야 합니다. 지금 당장은 장해물이 많고 앞이 잘 보이지 않는 섯 같아도 머시않아 좋은 성과가 있을 것입니다.

擇 선택할 택 | 善 좋을 선 | 固 단단할 고 | 執 지킬 집

^{견 마 난}
犬馬難

개나 말을 그리는 것이
가장 어렵다.

《한비자》

평범하게 사는 것이 가장 어렵다고 합니다. 특별한 일은 조금만 해도 티가 금방 나지만 평범한 일은 잘해도 눈에 띄지 않습니다. 묵묵히 상식적인 인생을 사는 분들에게 박수를 보내야 할 때입니다.

犬 개 견 | 馬 말 마 | 難 어려울 난

익 불 석 숙
弋不射宿

잠자는 새를 쏘면
안 된다.

《논어》

아무리 새를 많이 잡고 싶고 큰 성과를 내고 싶더라도 원칙과 도리를 저버리면서까지
이익을 추구하지는 않아야겠습니다. 결과가 아무리 좋다 해도 과정에 문제가 있다면
그 결과를 인정하지 않는 것이 진정 정의가 살아 있고 원칙이 살아 있는 사회입니다.

弋 주살 익 | 不 아니 불 | 射 쏘아맞힐 석 | 宿 잘 숙

^{도 유 소 불 유}
塗有所不由

가서는 안 될 길이 있다.

《손자병법》

군대의 진로를 선택할 때 가기 쉬워 보여도 함정이 있는 길이 있습니다. 인생도 가야 할 길을 정확히 판단해야 합니다. 욕심나는 지위라도 자신의 역량을 파악해 내 분수를 넘어서면 때로는 포기하는 것이 지혜롭게 인생을 헤쳐가는 방법입니다.

塗 길 도 | 有 있을 유 | 所 바 소 | 不 아니 불 | 由 말미암을 유

상 덕 부 덕
上德不德

위대한 덕은 덕이 있는 것처럼 보이지 않는다.

《도덕경》

멀리서 보이는 첫인상과 가까이에서만 발견되는 내면의 진실은 서로 일치되기가 쉽지 않은 것 같습니다. 위대함은 겉으로 드러나는 모습이 아니라 세월이 지나면서 은근히 드러나는 면의 아름다움이라는 생각이 가슴에 절절히 와닿습니다.

上 위 상 | 德 덕 덕 | 不 아니 부

심 자 승
心者勝

마음먹은 사람이
이긴다.

《한비자》

세상의 성공은 마음먹기에 달려 있다고 합니다. 마음에서 밀리면 어떤 게임이든 절대로 이길 수 없습니다. 목표를 정하고, 그 목표에 마음을 두고, 할 수 있다는 긍정을 바탕으로 부단히 노력하다 보면 마침내 목표에 도달할 수 있을 것입니다.

心 마음 심 | 者 사람 자 | 勝 이길 승

자 승 자 강
自勝者强

자신과 싸워 이기는 자가
진정한 강자다.

《도덕경》

진정 아름다운 승리는 자신과 싸워 이기는 것입니다. 이기는 것만이 상책이라며 무작정 칼을 휘두르려는 자신과 싸워 이겨야 진정 강한 사람이라는 뜻입니다. 혼자만 살아남으면 된다는 이기적이고 탐욕스러운 마음을 이겨내야겠습니다.

自 스스로 자 | 勝 이길 승 | 者 사람 자 | 强 강할 강

부 저 추 신
釜底抽薪

끓는 물을 잠재울 때는
가마솥 밑의 장작을 빼내라!

《삼십육계》

부귀와 영화도 너무 과열되면 끓어 넘치기 마련입니다. 크기와 양만 키워나가는 것이 정답은 아닙니다. 적당한 불 조절, 이것이 오랫동안 물을 끓이는 방법이듯 인생에도 강약과 리듬의 조절이 필요합니다.

釜 가마솥 부 | 底 밑 저 | 抽 빼낼 추 | 薪 땔나무 신

덕 본 재 말
德本財末

덕이 근본이고
돈은 결과이다.

《대학》

예로부터 돈을 벌기에 앞서 사람의 마음을 얻어야 한다고 했습니다.
덕을 베풀어 사람을 얻는 것이 먼저이고 돈을 버는 것은 그 결과입니
다. 다른 사람과의 관계와 신의를 소중히 여겨야 하는 이유입니다.

德 덕 덕 | 本 근본 본 | 財 재물 재 | 末 끝 말

후 생 가 외
後生可畏

후학을 두려워하라.

《논어》

선생이 나보다 먼저 태어나 모범이 되어주는 선배라면, 후생은 나보다 늦게 태어났지만 내가 갖지 못한 능력을 지닌 후배입니다. 그저 먼저 태어난 것이 중요하지는 않으니 후배 앞에서 늘 겸손한 마음으로 자신을 독려하라는 공자의 철학입니다.

後 뒤 후 | 生 날 생 | 可 가할 가 | 畏 두려워할 외

^{공 호 이 단 사 해 야 이}
攻乎異端 斯害也已

나와 다르다고 공격하면
손해가 되어 돌아온다.

《논어》

자신과 다른 생각을 가졌다는 이유만으로 남을 공격해서는 안 됩니다. 세상에는 수많은 민족이 어우러져 살고 있습니다. 그들은 서로 다른 철학, 종교, 문화를 가지고 살아 갑니다. 이러한 다름을 인정해야 한다는 것이 바로 성현의 가르침입니다.

攻 공격할 공 | 乎 어조사 호 | 異 다를 이 | 端 끝 단 | 斯 이것 사 | 害 해할 해 | 也 어조사 야 | 已 어조사 이

욕 부 인 치
欲富忍恥

부자가 되고 싶으면
부끄러움을 참아라.

《순자》

꿈이 있고, 그 꿈을 실현하는 과정이라면 세상에 부끄러운 일이 무엇이 있겠습니까?
꿈을 이루기 위해서라면 비록 남에게 머리를 숙이고 낮은 자리에 있더라도 그 수치를
견뎌낼 인내가 필요하며, 이를 수치스러워할 이유도 없습니다.

欲 하고자 할 욕 | 富 부유할 부 | 忍 참을 인 | 恥 부끄러울 치

부 대 심 청 한
不對心淸閑

아무 대꾸도 하지 않으면 마음이 맑고 한가로울 것이다.

《명심보감》

누군가 나를 분노하게 하고 근거 없이 비방한다 해도 일일이 대응할 필요 없습니다. 상대방이 아무리 나의 감정을 건드려도 대꾸하지 않으면 결국 그의 입만 아프게 됩니다. 내 마음이 고요하면 어떤 도발에도 흔들리지 않고 평정심을 유지할 수 있습니다.

不 아니 부 | 對 대꾸할 대 | 心 마음 심 | 淸 맑을 청 | 閑 한가할 한

강 이 피 지
强而避之

적이 강하면
무조건 피하라.

《손자병법》

상황이 나에게 불리하다는 판단이 들면 때로는 자리를 피하는 것이 최상의 전략입니다. 잠시 후퇴하는 것은 승리를 위한 전략이지 결코 수치가 아닙니다. 대안도 없이 무모하게 공격하는 것이야말로 파멸의 원인이 될 수 있습니다.

强 강할 강 | 而 말 이을 이 | 避 피할 피 | 之 어조사 지

^{왕 자 불 추}
往者不追

가는 것은
무리하게 쫓지 말라.

《맹자》

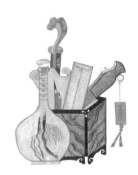

만나야 할 사람이 있다면 운명처럼 만나게 된다는 것이 맹자의 철학입니다. 돈과 명예도 마찬가지입니다. 내가 잠시 맡아두었다가 그다음 사람에게 전달하는 것이라고 생각하면 어느 날 사라져도 담담히 보낼 수 있을 것입니다.

往 갈 왕 | 者 사람 자 | 不 아니 불 | 追 쫓을 추

천 장 지 제 이 루 의 지 혈 궤
千丈之隄 以螻蟻之穴潰

천 길 높은 둑도
개미나 땅강아지의 구멍 때문에
무너진다.

《한비자》

조그만 조짐을 무시하고 아무런 대책 없이 있다가는 큰 재앙을 당할지도 모릅니다. 개미나 땅강아지 같은 작은 일이 최악의 상황을 만들어내는 것이죠. 조그만 일에도 귀를 기울인다면 재앙을 피해갈 수 있을 것입니다.

千 일천 천 | 丈 길이 장 | 之 의 지 | 隄 둑 제 | 以 써 이 | 螻 땅강아지 루 | 蟻 개미 의 | 穴 구멍 혈 | 潰 무너질 궤

도 불 원 인
道不遠人

도는 인간에게서
멀어져서는 안 된다.

《중용》

도는 인간이 반드시 실천하고 지켜야 할 상식과도 같은 것입니다. 인간의 기본적인 도리이며 인간으로서 마땅히 걸어야 할 쉽고도 평범한 길이 도라는 뜻입니다. 도는 먼곳에 있는 것이 아니라 내 일상 속에 있습니다.

道 길 도 | 不 아니 불 | 遠 멀 원 | 人 사람 인

무 용 지 유 용
無用之有用

쓸모없는 것이 오히려
쓸모 있다.

《장자》

쓸모없는 것에 긍정의 힘을 더하면 유용한 것으로 바꿀 수 있습니다. 어릴 때 주목받지 못하던 사람도 발상의 전환을 통해 훗날 자신의 재능을 발휘할 수 있는 것입니다. 무용에서 유용을 발견해내는 힘이야말로 바로 경쟁력입니다.

無 없을 무 | 用 쓸 용 | 之 의 지 | 有 있을 유 | 用 쓸 용

고 지 현 왕 　 호 선 망 세
古之賢王 好善忘勢

옛 훌륭한 왕들은
선을 좋아하며
지위를 잊고 신하를 대하였다.

《맹자》

훌륭한 인재가 한 조직에 오래 머물며 자신의 능력을 발휘하도록 하려면 어떻게 해야 할까요? 리더가 도덕적이면 부하들은 존경심을 갖게 될 것이고, 리더가 직원을 존중하면 그들의 마음을 얻을 수 있을 것입니다.

古 옛 고 | 之 의 지 | 賢 어질 현 | 王 임금 왕 | 好 좋아할 호 | 善 착할 선 | 忘 잊을 망 | 勢 권세 세

삭 삭 욕 소
數數辱疎

충고도 너무 자주 하면
욕을 먹고 멀어진다.

《논어》

충고란 좋은 것이지만 자주 하면 오히려 역효과를 낼 수 있습니다. 상대방을 진정 위한다면 때와 장소를 가려서 조용히 진심 어린 충고를 건네야지 지나가는 말로 문제점만 지적하는 것으로는 상대방과의 관계가 좋아질 수 없을 것입니다.

數 자주 삭 | 辱 욕먹을 욕 | 疎 멀어질 소

군 자 신 기 독 야
君子愼其獨也

군자는 홀로 있을 때 가장 조심한다.

《중용》

남이 보지 않을 때 나 자신을 속이지 않는 것, 인생을 살면서 실천하기 어려운 일 중 하나입니다. 남이 보든 보지 않든 자신에게 떳떳하고 당당하고 진실해야 그 결과물이 명품이 되어 나올 것입니다.

君 임금 군 | 子 아들 자 | 愼 삼갈 신 | 其 그 기 | 獨 홀로 독 | 也 어조사 야

9월

5월

구 즉 염 심 생 필 지 어 천 기
久則厭心生 畢至於賤棄

오래되면 마음이 멀어지니
결국 버리게 된다.

《기측체의》

아끼는 물건이라도 오래되어 더 이상 사용하지 않는다면 과감하게
버려야 합니다. 버려야 할 것이 어디 마음 떠난 물건뿐이겠습니까?
사회도 버려야 할 법과 제도는 과감하게 폐기하는 것이 상책입니다.

久 오랠 구 | 則 곧 즉 | 厭 싫어할 염 | 心 마음 심 | 生 날 생 | 畢 마칠 필 | 至 이를 지 | 賤 천할 천 | 棄 버릴 기

출 기 불 의
出其不意

예상치 못한 시간에
출격하라.

《손자병법》

과거 전쟁에서 승리하는 조직은 군량미나 무기, 병사가 많은 군대가 아니었습니다. 그들은 아무것도 없는 곳에서 돌파구를 찾아낸 덕분에 승리했습니다. 승리는 남들과 다르게 생각하고 남들과 다른 곳을 찾아낼 줄 아는 안목과 전략에서 시작됩니다.

出 날 출 | 其 그 기 | 不 아니 불 | 意 뜻 의

진 보 처 사 퇴 보
進步處 思退步

지금 나아가고 있는 곳에서
어떻게 물러날까를 고민하라.

《채근담》

내가 어떤 직책을 맡아 그 일을 수행하려 할 때는 어떻게 이 자리에서 물러날까를 먼저 고민해야 큰 대과가 생기지 않습니다. 이 직책이 영원하다는 생각 때문에 자리를 유지할 것에만 집착해서는 안 되겠지요. 진퇴를 알고 처음과 끝을 알아야 합니다.

進 나아갈 진 | 步 걸음 보 | 處 곳 처 | 思 생각 사 | 退 물러날 퇴

반 객 위 주
反客爲主

손님이 도리어
주인 노릇 한다.

《삼십육계》

세상에는 영원한 손님도 없고 영원한 주인도 없다고 합니다. 상황을 정확히 분석하고 장악한 사람이 주인으로 남는 것이 생존의 이치이지요. 한 치도 경계를 늦추지 않고 주도권을 유지하는 주인의식을 가진 사람이 바로 주인입니다.

反 도리어 반 | 客 손님 객 | 爲 될 위 | 主 주인 주

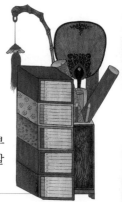

대 시 이 동
待時而動

군자는 때를 잘 기다려 움직여야 한다.

《주역》

아무리 능력과 실력을 갖춘 사람이라도 움직여서는 안 될 때 함부로 움직이면 큰 화를 입을 것이고, 비록 능력이 없더라도 때를 알고 움직이면 좋은 결과를 얻을 수 있습니다.

待 기다릴 대 | 時 때 시 | 而 말 이을 이 | 動 움직일 동

오 일 삼 성
吾日三省

하루에 세 가지
자신을 반성한다.

《논어》

공자의 제자 증자는 첫째, 남을 위해 최선을 다해 살았는지, 둘째, 친구와 신뢰를 다했는지, 셋째, 새로운 배움을 습득했는지를 반성하며 하루를 마감했다고 합니다. 나는 오늘 무엇을 반성해야 하는지 고민해봅시다.

吾 나 오 | 日 날 일 | 三 석 삼 | 省 반성할 성

사 불 능 언
似不能言

공자는 흡사 말을 잘 못하는 사람 같았다.

《논어》

공자는 조정에서는 논리적으로 말을 잘하여 직책에 걸맞은 행동을 하였고, 집으로 돌아와서는 말을 줄이고 친척들 말에 귀를 기울여 어눌한 사람처럼 보였다고 합니다. 사람이 때와 장소를 정확히 알아야 한다는 뜻입니다.

似 **닮을 사** | 不 **아니 불** | 能 **능할 능** | 言 **말씀 언**

혼 수 모 어
混水摸魚

물을 흐리게 만들어
물고기를 잡는다.

《삼십육계》

혼탁한 물에서 물고기가 방향감각을 잃는 것처럼 사람도 뜻밖의 상황
에 부딪히면 방향감각을 잃고 맙니다. 이럴 때는 잠시 뒤로 물러서서
자신을 객관적으로 바라볼 필요가 있습니다.

混 혼탁할 혼 | 水 물 수 | 摸 찾을 모 | 魚 물고기 어

_{복 구 비 고}
伏久飛高

엎드려 있는
기간이 길수록
높이 날 수 있다.

《채근담》

인생은 마라톤이라고 합니다. 젊었을 때 잠깐 피고 지는 꽃이 아니라 영원히 향기를 잃지 않는 꽃이 되려면 그만큼 준비 기간이 필요합니다. 어떻게 인생을 장기전으로 계획할 것인지를 고민해볼 때입니다.

伏 엎드릴 복 | 久 오랠 구 | 飛 날 비 | 高 높을 고

소 자 회 지
少者懷之

어린아이는 사랑으로
품어야 한다.

《논어》

공자는 자신의 이상을 논하며 나이 든 사람을 편안하게 해주고, 친구들에게 믿음을 주고, 어린이에게는 사랑을 주고 싶다고 말했습니다. 사회로부터의 소외로 거리에 내몰리고 있는 아이들에게 필요한 것은 예나 지금이나 따뜻한 사랑인 듯합니다.

少 **젊을 소** | 者 **사람 자** | 懷 **품을 회** | 之 **어조사 지**

천 지 불 인
天地不仁

하늘과 땅은
어질지 않다.

《도덕경》

하늘과 땅은 그 안에 존재하는 만물에 간섭하지 않습니다. 그러나 사랑한다는 이유만으로 상대방에게 간섭하고 자신의 의도를 강요하는 경우가 종종 있습니다. 인仁, 즉 사랑과 배려를 잘못 사용하면 속박이 될 수 있음을 기억해야 합니다.

天 하늘 천 | 地 땅 지 | 不 아니 불 | 仁 어질 인

이 수 대 도 강
李樹代桃僵

자두나무가 복숭아나무를 대신해 쓰러지다.

《삼십육계》

복숭아나무와 자두나무조차 형제처럼 환난 속에 서로 돕는다는 고사가 있습니다. 자신을 희생하여 가족과 동료를 구하는 것은 어렵지만 의미 있는 일입니다. 주변을 잠깐 돌아보십시오. 한 번만 손을 내밀어주면 일어설 수 있는 사람들이 많습니다.

李 자두나무 이 | 樹 나무 수 | 代 대신할 대 | 桃 복숭아나무 도 | 僵 쓰러질 강

산 산 수 수
山山水水

산은 산이요,
물은 물이다.

《임제록》

물이 산을 보고 그르다 하지 않고, 산이 물을 보고 그르다 하지 않는
것이 자연의 이치입니다. 왜 사람들은 무리를 지어 서로 비난하고 갈
등하는 것일까요? 세상의 모든 것을 있는 그대로 인정할 수 있다면 그
것이 바로 천국이고 깨달음일 것입니다.

山 뫼산 | 水 물수

자 강 불 식
自强不息

스스로를 강하게 하는 데는
쉼이 없어야 한다.

《주역》

자연의 운행은 춘하추동 쉬지 않고 계속됩니다. 우리도 자연의 순환을 본받아 한시도 쉬지 않고 배워야 한다고 성현들은 말합니다. 처음에만 잘하는 사람은 오래가지 못합니다. 묵묵히 쉬지 않고 가는 사람이 결승선에 도달할 수 있습니다.

自 스스로 자 | 强 강할 강 | 不 아니 불 | 息 쉴 식

창 해 일 속
滄海一粟

푸른 바다에
한 알의 좁쌀 같구나.

〈적벽부〉

인간이 세상의 주인인 것 같지만 창대한 바다에 비하면 인간은 좁쌀만 한 존재에 불과합니다. 한때의 영웅도 세월이 흐르면 사람들의 기억 속에서 사라지고, 부귀와 영화 또는 한순간에 불과하다는 것을 되새겨봅시다.

滄 푸를 창 | 海 바다 해 | 一 한 일 | 粟 좁쌀 속

^{계 지 술 사}
繼志述事

뜻을 이어나가
펼치는 일.

《중용》

맛있는 음식과 좋은 옷처럼 물질적인 봉양만이 효도는 아닙니다. 부모님의 뜻에 어긋나지 않게 잘 살고 있는지, 그 뜻을 이어받아 부모님이 기대하는 모습으로 살고 있는지 고민해보는 것이 효도의 시작입니다.

繼 이을 계 | 志 뜻 지 | 述 펼칠 술 | 事 일 사

見利忘眞
견 리 망 진

눈앞의 이익에
사로잡히면
자신의 참다운 모습을 잃게 된다.

《장자》

오로지 이익에 눈이 멀어 나 자신조차 제대로 보지 못하는 사람들이 많습니다. 정신적으로 힘든 세상입니다. 경쟁과 이익에 지쳐 참 나를 잊고 살고 있지 않은지를 한번쯤 돌아보아야 합니다.

見 볼 견 | 利 이로울 리 | 忘 잊을 망 | 眞 진리 진

옥 부 자 출
玉不自出

옥은 저절로
세상에 나오지 않는다.

《홍재전서》

옥은 누군가 그 원석을 캐야만 비로소 빛을 발할 수 있습니다. 좋은 결과 뒤에는 반드시 숨은 노력이 있다는 뜻입니다. 성공한 사람들도 그렇습니다. 하루도 거르지 않고 꿈과 희망을 향하여 정진해야 비로소 성과를 올릴 수 있습니다.

玉 구슬 옥 | 不 아니 부 | 自 스스로 자 | 出 날 출

괄 목 상 대
刮目相對

눈을 비비고 대면할 정도로
달라져야 한다.

《십팔사략》

선비는 어제의 모습보다는 오늘의 모습이 더 나아져야 하고, 오늘의 모습보다는 내일의 모습이 더 발전해야 합니다. 상대방이 눈을 비비고 볼 정도로 나를 새롭게 변화시키는 것, 참으로 중요한 인생의 자세입니다.

刮 긁을 괄 | 目 눈 목 | 相 서로 상 | 對 대할 대

_{유 세 막 사 진}
有勢莫使盡

권세가 있을 때
그것을
다 쓰려 하지 말라.

《명심보감》

권력은 무상하다고 합니다. 권세는 달콤하지만 인생의 치명적인 독이 되기도 하지요. 높은 직책에 올라간 사람은 늘 그 직책이 다한 이후를 고민할 필요가 있습니다. 지금 내가 있는 이 자리가 영원할 수 없다는 생각을 가지고 늘 자신을 성찰해야 합니다.

有 있을 유 | 勢 권세 세 | 莫 없을 막 | 使 하여금 사 | 盡 다할 진

_{병 가 이 보 신}
病可以保身

병이 오히려
내 몸을 지킬 수 있다.

《채근담》

병이 들었다고 상심하지 말고 그 병이 오히려 나를 더욱 조심하게 하고 경계하게 만드는 기회라고 생각해보면 어떨까요? 결핍이 오히려 나를 긴장시키고 조심스럽게 만들수 있다는 것입니다. 담담하게 시련을 받아들이는 강인한 인생철학입니다.

病 병 병 | 可 가할 가 | 以 써 이 | 保 지킬 보 | 身 몸 신

무 중 생 유
無中生有

무에서
유를 창조하라.

《삼십육계》

도저히 방법이 없을 것 같은 상황에서 답을 찾아내는 것이 '무중생유'의 전술입니다.
내가 처한 환경과 조건이 아무리 나쁘더라도 그 속에 반드시 새로운 성공의 싹이 있습
니다. 긍정의 힘이 있다면 무에서 유를 만들어낼 수 있습니다.

無 없을 무 | 中 가운데 중 | 生 날 생 | 有 있을 유

교 토 삼 굴
狡兎三窟

똑똑한 토끼는
세 개의 굴을 가지고 있다.

《사기》

현명한 사람도 인생의 위기를 피하기란 쉽지 않습니다. 똑똑한
토끼는 위기가 닥치면 언제든지 숨을 수 있는 세 개의 굴을 갖추
고 산다고 합니다. 다가올 위기를 예측하고 그에 대한 준비를 철
저히 한다면 어떤 어려움 앞에서도 무너지지 않을 수 있습니다.

狡 날랠 교 | 兎 토끼 토 | 三 석 삼 | 窟 구멍 굴

차 시 환 혼

借屍還魂

주검을 빌려
다시 살아나라.

《삼십육계》

새로운 현실을 거부하고 지나간 시절만 생각하는 사람은 영원한 생명을 얻을 수 없습니다. 세상에 고정된 모습이란 없습니다. 변화를 유연하게 받아들여 내 모습을 바꿀 줄 아는 사람만이 인생을 계속 살아갈 수 있습니다.

借 빌릴 차 | 屍 주검 시 | 還 돌아올 환 | 魂 넋 혼

화 간 반 개
花看半開

꽃은 반쯤 개화했을 때가
가장 예쁘다.

《채근담》

만개하여 이제는 져야 할 운명만 앞두고 있는 꽃보다는 아직 덜 핀 꽃의 모습이 더 아름답습니다. 비록 아직은 기다려야 하지만 만개하는 꿈을 꾸며 열심히 노력하는 지금이 바로 인생의 절정이라는 뜻입니다.

花 꽃 화 | 看 볼 간 | 半 반 반 | 開 열 개

천 무 삼 일 청
天無三日晴

삼 일 맑은 날이
계속되지 않는다.

《명시종》

세상의 무엇이든 좋은 것이 있으면 나쁜 것도 있고, 평안한 세월이 있으면 굴곡의 세
월도 있습니다. 인생도 이와 같아서 지금 안락하고 좋은 시절이라고 마음을 놓지 말
고, 지금 편안하다고 안주해서는 안 되겠습니다.

天 하늘 천 | 無 없을 무 | 三 석 삼 | 日 날 일 | 晴 맑을 청

의 인 지 안 로
義人之安路

의는 인간이 살아가는 길 중에 가장 안락하고 편안한 길이다.

《맹자》

천하를 얻는 것과 부자가 되는 것이 인간의 기본 욕심이지만, 그 수단이 의롭지 못하다면 일고의 가치도 없습니다. 의롭지 못한 부귀, 의롭지 못한 권세, 의롭지 못한 명예는 결국 잠깐 왔다 사라지는 뜬구름입니다.

義 옳을 의 | 人 사람 인 | 之 의 지 | 安 편안할 안 | 路 길 로

왕 기 미 유 능 직 인
枉己未有能直人

나를 굽혀 다른 사람을 곧게 만들 수는 없다.

《맹자》

내 원칙을 굽혀서 상대방을 올바른 방향으로 나아가게 한다고 해도 그것은 잠깐일 뿐입니다. 그러니 원칙을 버리고 반칙을 강요하는 상대라면 더더욱 함께할 수 없겠지요. 원칙을 버리고 굽히면 결국 영원히 굽힐 수밖에 없습니다.

枉 굽힐 왕 | 己 자기 기 | 未 아닐 미 | 有 있을 유 | 能 능할 능 | 直 곧을 직 | 人 사람 인

취 모 구 자
吹毛求疵

입으로 남의 털을 불어가며
허물을 들춰낸다.

《한비자》

요즘 인터넷에는 거리에서 들은 이야기가 가득 차 있고, 소셜 미디어에는 남의 상처를 드러내는 이야기를 퍼 나르는 사람이 많습니다. 남의 약점을 악착같이 찾아내려는 야박하고 가혹한 행동을 일삼는 사람이 되지는 말아야겠습니다.

吹 불 취 | 毛 털 모 | 求 구할 구 | 疵 허물 자

온 고 이 지 신
溫故而知新

옛것을 익히고
새것을 알다.

《논어》

스승은 단순히 지식만 전달하는 사람이 아닙니다. 과거에 제자는 스승의 인생을 배우고, 삶의 방식을 배우고, 철학을 배웠습니다. 좋은 스승이란 과거를 잘 연역하여 미래를 열어주는 사람입니다.

溫 익힐 온 | 故 옛 고 | 而 말 이을 이 | 知 알 지 | 新 새 신

철 부 지 급
轍鮒之急

수레바퀴 자국에 갇힌 붕어에게는 한 방울의 물도 도움이 된다.

《장자》

당장 어려울 때 도움을 주는 것이 진정한 도움이지 나중을 기약하며 도움을 약속하는 것은 아무런 힘이 되지 않습니다. 어려울 때 주는 작은 도움이야말로 철부지급을 해결해주는 평생 잊지 못할 진정한 도움입니다.

轍 바퀴 자국 철 | 鮒 붕어 부 | 之 의 지 | 急 급할 급

금 선 탈 각
金蟬脫殼

금빛 매미는 허물을
벗어야 만들어진다.

《삼십육계》

매미가 애벌레로 몇 년이고 참고 기다리다가 마침내 성충이
되어 화려한 모습으로 탈바꿈하는 것은 마치 인내하고 기다
린 자가 성공하는 모습 같습니다. 변하지 않는 나는 없다는 생
각으로 매일 허물을 벗을 때 새로운 내가 될 수 있습니다.

金 금빛 금 | 蟬 매미 선 | 脫 벗을 탈 | 殼 껍질 각

전 승 이   수 승 난
戰勝易 守勝難

싸워서 이기기는 쉽지만
그 승리를 지키기는 어렵다.

《오자병법》

융성했던 제국도 언젠가는 쇠락의 길로 접어들고 맙니다. 더욱 조심하고 자신을 경계해야 승리를 유지할 수 있다는 기본을 잊는 순간, 승리는 자신을 파국으로 모는 계기로 변할 것입니다.

戰 싸움 전 | 勝 이길 승 | 易 쉬울 이 | 守 지킬 수 | 難 어려울 난

군 자 불 기
君子不器

군자는
한 가지만 담을 수 있는
그릇이 되어서는 안 된다.

《논어》

전문가가 자신의 우물에만 빠져 있다면 더 이상 전문가라고 부를 수 없을 것입니다.
다양한 것을 모두 수용하고 통섭하는 유연성이 요구되는 시대입니다. 내가 가진 그릇
을 과감하게 깰 수 있는 용기가 필요합니다.

君 임금 군 | 子 아들 자 | 不 아니 불 | 器 그릇 기

<ruby>膠<rt>교</rt></ruby> <ruby>柱<rt>주</rt></ruby> <ruby>鼓<rt>고</rt></ruby> <ruby>瑟<rt>슬</rt></ruby>
膠柱鼓瑟

거문고의 기둥을
붙여놓고 연주한다.

《사기》

거문고는 기러기발처럼 생긴 기둥을 움직여가며 음을 조절하는 악기입니다. 그 기둥을 단단히 고정해놓는다면 연주가 제대로 될 리 없겠지요. 이렇게 오로지 자신의 지식만 옳다고 여기며 융통성 없이 일을 벌이는 사람이 되지는 말아야겠습니다.

膠 아교 교 | 柱 기둥 주 | 鼓 연주할 고 | 瑟 거문고 슬

주 이 불 비
周而不比

남과 두루 친하되
한쪽에 치우치지 말라.

《논어》

서로 다른 비전과 철학을 가지고 국정을 운영해나가는 정치는 건전합니다. 그러나 오직 개인의 사사로운 이익과 집단의 사적 목표를 위해 이합집산하는 모습은 바람직하지 않습니다. 편당 짓지 않고 보편성을 추구하는 군자의 정치를 기대해봅니다.

周 두루 주 | 而 말 이을 이 | 不 아니 불 | 比 견줄 비

감 정 선 갈
甘井先竭

달고 맛있는 우물이
가장 먼저 마른다.

《묵자》

당장 타인을 앞서가는 것보다 마지막까지 내 페이스를 유지하는 것이 결국 인생의 마라톤을 완주하고 승리를 거두는 방법입니다. 담담하게 내 인생의 페이스를 조절해가는 것이 중요합니다.

甘 달 감 | 井 우물 정 | 先 먼저 선 | 竭 물 마를 갈

지 천 태
地天泰

땅은 위에 있고
하늘은 아래 있는 것이
태평이다.

《주역》

《주역》에서는 하늘은 땅을 섬기고 땅은 하늘을 향하여 믿고 따라가는 모습을 태평이라고 합니다. 지도자는 국민을, 선생님은 학생을, 기업은 고객을 섬기는 시대, 상하가 같은 꿈을 꾸며 교류하는 세상, 그런 태평성대를 꿈꿔봅니다.

地 땅 지 | 天 하늘 천 | 泰 태평할 태

광 이 불 요
光而不耀

빛이 있으되 눈부실 정도로 빛나서는 안 된다.

《도덕경》

아무리 강하더라도 그 강함을 너무 드러내서는 안 됩니다. 다른 사람을 주눅 들지 않게 해야 주변에 사람이 모여들기 때문이지요. 요즘처럼 능력과 재능이 전부인 것인 양 강조되는 세상에서 반드시 기억해야 할 철학입니다.

光 빛 광 | 而 말 이을 이 | 不 아니 불 | 耀 빛날 요

유 인 자 위 능 이 대 사 소
惟仁者 爲能以大事小

오직 어진 사람만이
크면서 작은 이를
섬길 수 있다.

《맹자》

작은 이가 큰 이를 섬기는 것은 이해가 가지만 큰 이가 작은 이를 섬기는 것은 쉽지 않습니다. 약자의 자존심을 살려주고 손을 내밀어 그의 몸을 일으켜줄 줄 아는 사소事小의 전략, 어진 강자의 여유입니다. 강한 자가 먼저 머리를 숙이는 것이 옳습니다.

惟 오직 유 | 仁 어질 인 | 者 사람 자 | 爲 할 위 | 能 능할 능 | 以 써 이 | 大 클 대 | 事 섬길 사 | 小 작을 소

임 난 무 구 면
臨難毋苟免

어려운 일을 당하더라도
구차하게 면하려 하지 말라.

《예기》

내가 지은 죄라면 당당하게 그 죄를 받아들이는 것이 진정한 용기
입니다. 어려움 앞에서도 인간으로서 위엄을 잃지 않고 당당할 것,
돈 앞에서도 인간으로서 품위를 잃지 않고 담담할 것, 아름다운 인
생의 모습입니다.

臨 임할 임 | 難 어려울 난 | 毋 말 무 | 苟 구차할 구 | 免 면할 면

수 주 대 토
守株待兎

그루터기에 지키고 앉아 토끼가 오기를 기다린다.

《한비자》

안팎으로 불확실성이 커지고 있습니다. 지나간 시절과 행운에 연연하여 옛 방식 그대로 평온에 안주하려고 한다면 누구도 생존을 보장하지 못합니다. 새로운 시대를 맞이하기 위해서는 변혁과 혁신이 필요합니다.

守 지킬 수 | 株 그루터기 주 | 待 기다릴 대 | 兎 토끼 토

보 원 이 덕
報怨以德

원망은
따뜻한 덕으로 보답하라.

《도덕경》

세상을 살다 보면 누군가에게 원망도 생기고 불만도 생깁니다. 하지만 그것을 덕으로
갚아준다면 결국 상대방도 나를 덕으로써 대할 것입니다. 나에게 덕을 베푼 사람도,
상처를 준 사람도 덕으로 보답하는 것이 바로 성현의 지혜입니다.

報 **보답할 보** | 怨 **원망할 원** | 以 **써 이** | 德 **덕 덕**

불 균 수 지 약 소 용 지 이 야
不龜手之藥 所用之異也

손을 트지 않게 하는 약은
용도에 따라
그 가치가 달라진다.

《장자》

똑같이 손 안 트는 약인데 누구는 그것으로 제후에 봉해지고 누구는 평생 빨래를 한다고 합니다. 사물의 가치는 고정된 것이 아니라 어떻게 사용하느냐에 따라 바뀝니다. 기존의 생각을 뒤집어 새로운 시각으로 답을 찾아내는 노력이 필요합니다.

不 아니 불 | 龜 틀 균 | 手 손 수 | 之 의 지 | 藥 약 약 | 所 바 소 | 用 쓸 용 | 異 다를 이 | 也 어조사 야

화 복 동 문
禍福同門

행복과 불행은
같은 문을 사용한다.

《한비자》

행복과 불행은 정반대인 것 같지만 행복이 지나면 불행으로 번지고, 불행이 끝나면 행복으로 변하는 것이 인생사입니다. 결국 세상에는 완벽한 행복도 절대적인 불행도 없다는 진리를 통해 이해를 초월한 인생의 경지를 느껴봅니다.

禍 재앙 화 | 福 복 복 | 同 같을 동 | 門 문 문

선 유 자 익
善游者溺

수영 잘하는 사람이
물에 빠진다.

《한비자》

성공한 사람들의 가장 큰 문제점은 성공한 순간 방심한다는 것입니다. 원래 초보자는
자신의 한계를 알기 때문에 조심할 수밖에 없습니다. 그러나 익숙한 일에는 쉽게 마음
을 놓아 실패를 경험하곤 합니다. 자만심 때문에 일을 그르치지 않아야겠습니다.

善 잘할 선 | 游 헤엄칠 유 | 者 사람 자 | 溺 빠질 익

_{화 이 불 창}
和而不唱

남의 의견에 귀 기울이고 내 의견을 내세우지 말라.

《장자》

말을 잘한다고 해서 남을 설득할 수 있는 것은 아닙니다. 그저 다른 사람의 생각을 들어주고 고개를 끄덕여주는 것만으로도 상대방에게 공감과 지지를 끌어낼 수 있습니다. 진정 상대방을 설득하기 위해서는 그저 듣는 것만으로도 충분합니다.

和 화할 화 | 而 말 이을 이 | 不 아니 불 | 唱 부를 창

정 와 불 가 이 어 해
井蛙不可以語海

우물 안 개구리에게는
바다를 설명해줄 수 없다.

《장자》

우물 속에서 보는 하늘이 전부라고 생각하는 사람에게는 진짜 하늘을 설명할 수 없습니다. 알량한 학벌과 지식, 좁은 회사와 연줄, 눈앞의 이익에만 연연한다면 진짜 승자가 될 수 없는 것이지요. 다른 사람이 보는 하늘도 인정하는 여유가 필요합니다.

井 우물 정 | 蛙 개구리 와 | 不 아니 불 | 可 가할 가 | 以 써 이 | 語 말씀 어 | 海 바다 해

경 낙 과 신
輕諾寡信

가볍게 승낙하는 사람은
미덥지 못하다.

《도덕경》

생각해보지도 않고 승낙하는 사람은 자신이 한 약속을 지키는 경우가 적을 것입니다.
약속을 해놓고 다른 일이 생겼다고 취소해버리는 사람이 많습니다. 남에게 하는 승낙,
신중하고 또 신중하게 생각하여 대답해야 합니다.

輕 가벼울 경 | 諾 허락할 낙 | 寡 적을 과 | 信 믿을 신

일 반 청 의 미
一般淸意味

너무나 사소하지만
일반적이고
맑고 의미 있는 것들이 있다.

〈청야음〉

부귀를 누리거나 엄청난 공을 세워 사회에 이름을 알리는 거창한 행복도 있지만, 남들이 이해하지 못하는 소소한 행복도 있습니다. 인생의 큰 목표를 달성하기 위하여 달려가다 보면 우리가 느껴야 할 작고 아름다운 일상의 행복을 놓칠 수도 있습니다.

一 한 일 | 般 일반 반 | 淸 맑을 청 | 意 뜻 의 | 味 맛 미

유 덕 불 가 적
有德不可敵

덕이 있는 상대는
애초부터 대적하지 마라.

《춘추좌씨전》

세상에서 가장 대적하기 버거운 상대는 힘센 사람도, 무기가 뛰어난 사람도 아니고 바로 덕이 있는 사람입니다. 늘 주변에 덕을 베풀고 살기에 위험이 닥치면 주변에 구해주려는 사람이 많기 때문입니다.

有 있을 유 | 德 덕 덕 | 不 아니 불 | 可 가할 가 | 敵 대적할 적

치대국약팽소선
治大國若烹小鮮

큰 나라를 다스리는 자는
마치 작은 생선을
굽듯이 한다.

《도덕경》

조그만 생선은 이리저리 뒤집을 때가 아니라 스스로 익을 수 있는 여건을 만들어주었을 때 가장 완벽하게 익습니다. 직원의 업무에 간섭하는 것이 아니라 모든 직원이 최선의 능력을 발휘할 수 있도록 조직의 분위기를 만드는 사람이 유능한 리더입니다.

治 다스릴 치 | 大 클 대 | 國 나라 국 | 若 같을 약 | 烹 삶을 팽 | 小 작을 소 | 鮮 생선 선

무 과 시 공
無過是功

아무런 과오 없이 사는 것이
최고의 공이다.

《채근담》

인생을 살면서 지나치게 업적과 칭찬에 연연할 필요가 없습니다.
과오 없이 사는 것만으로도 큰 공덕입니다. 내 그릇에 넘치는 업적
을 쌓으려 하지 말고, 모든 사람의 칭찬을 들으려 하지 않으며, 진
정한 공덕비를 가슴속에 세워야 할 때입니다.

無 없을 무 | 過 잘못 과 | 是 이 시 | 功 공 공

학 택 지 사
涸澤之蛇

말라버린 연못의
뱀이 생존하려면
큰 뱀이 작은 뱀을 섬겨야 한다.

《한비자》

내가 높아지려면 내 주변 사람부터 높여야 한다고 합니다. 내가 높다는 것을 과시하기 위하여 주변 사람을 무시한다면 나 역시 남에게 존경받을 수 없습니다. '섬김'은 위대한 지도자의 필수 조건입니다.

涸 마를 학 | 澤 연못 택 | 之 의 지 | 蛇 뱀 사

서 불 필 다 간
書不必多看

책은 그저 많이 보는 것만이 중요한 것은 아니다.

《근사록》

책을 눈으로 보는 것에만 그친다면 책에서 말하는 요점을 제대로 파악하지 못할 것입니다. 책은 그저 많이 보는 것이 아니라 핵심을 아는 것이 중요합니다. 다독보다는 마음으로 읽는 선현들의 심독의 독서법입니다.

書 글 서 | 不 아니 불 | 必 반드시 필 | 多 많을 다 | 看 볼 간

상 옥 추 제
上屋抽梯

지붕 위로 올려놓고
사다리를 치워라.

《삼국지연의》

때로는 절박함이 경쟁력이 되어 인생에 도움이 되기도 합니다. 모든 것이 잘 되어갈 때도 조직을 점검하기 위해 내려갈 사다리를 치우고 긴장감을 조성해볼 수 있습니다. 막다른 곳에 몰리면 예상치 못한 활로를 찾아낼 수 있으니 말입니다.

上 올라갈 상 | 屋 지붕 옥 | 抽 뺄 추 | 梯 사다리 제

강 량 자 부 득 기 사
强梁者不得其死

강하고 힘세게 밀어부치는 자는 온전한 죽음을 얻지 못할 것이다.

《도덕경》

오로지 강압으로만 일을 해결하려고 하면 끝이 안 좋을 수밖에 없겠지요. 강경한 입장은 아무리 그 결과가 좋다 하더라도 상대방에게 상처를 남기게 됩니다. 힘세고 강한 것만이 해답이라고 생각하는 요즘 세태를 반성해봅니다.

强 강할 강 | 梁 들보 량 | 者 사람 자 | 不 아니 부 | 得 얻을 득 | 其 그 기 | 死 죽을 사

수 상 개 화
樹上開花

나무 위에 거짓 꽃을 붙여
상대방을 유인하라.

《벽암록》

나무야말로 내면의 본질이지, 나무 위의 꽃은 보여주기 위해 만든
모습입니다. 나무와 꽃이 언제나 일치하는 것은 아닙니다. 화려하게
치장한 모습 뒤의 본질을 꿰뚫어 볼 수 있는 눈을 가져야 합니다.

樹 나무 수 | 上 위 상 | 開 필 개 | 花 꽃 화

조 이 불 망
釣而不網

낚시를 하더라도
그물로 고기를 잡아서는
안 된다.

《논어》

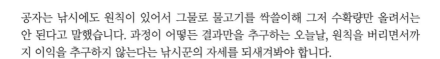

공자는 낚시에도 원칙이 있어서 그물로 물고기를 싹쓸이해 그저 수확량만 올려서는
안 된다고 말했습니다. 과정이 어떻든 결과만을 추구하는 오늘날, 원칙을 버리면서까
지 이익을 추구하지 않는다는 낚시꾼의 자세를 되새겨봐야 합니다.

釣 낚시할 조 | 而 말 이을 이 | 不 아니 불 | 網 그물 망

일 목 삼 착
一沐三捉

한 번 머리 감을 시간이라도
세 번 나가 인재를 만나라.

《사기》

인재는 찾아다니는 것이라 합니다. 주나라 주공은 머리를 감는 동안에도 인재가 찾아왔다고 하면 감던 머리를 움켜쥐고 세 번이나 나가서 인재를 만났다고 합니다. 가만히 앉아서 기다리는 사람에겐 인재가 모여들지 않는다는 사실을 잊어서는 안 됩니다.

— 한 일 | 沐 머리 감을 목 | 三 석 삼 | 捉 잡을 착

서 부 진 언
書不盡言

글로는 하려는 말을
다 표현할 수 없다.

《주역》

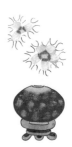

글과 말은 정확하게 의사를 전달하는 수단이 아닐지도 모릅니다. 어떤 수사를 동원한 글이든, 얼마나 화려한 언변이든, 자신의 본의를 다른 사람에게 전달하기에는 부족하다는 것입니다. 소통이 진심에 달려 있음은 예나 지금이나 똑같습니다.

書 글 서 | 不 아니 부 | 盡 다할 진 | 言 말씀 언

_{주 위 상}
走爲上

때로는 도망가는 것도
상책이 될 수 있다.

《삼십육계》

인생을 살다가 한 발 뒤로 물러나는 것은 소극적인 전술이 아닙니다. 후퇴의 목적은
감정을 잠깐 추스르고 시간을 버는 것입니다. 최후의 승리를 위해서는 한 발짝 뒤로
물러나는 것이 더 좋은 선택일 수 있습니다.

走 도망갈 주 | 爲 될 위 | 上 위 상

8월

6월

파 별 천 리
跛鼈千里

절뚝거리는 자라도 천 리를 갈 수 있다.

《순자》

인생은 장거리 승부이지 단거리 승부가 아닙니다. 느리더라도 자신이 할 수 있는 만큼 꾸준히 가다 보면 천 리에 도달할 수 있습니다. 비록 늦게 출발해서 어려운 길을 가고 있더라도 결국은 인내와 끈기가 이길 것입니다.

跛 **절름발이 파** | 鼈 **자라 별** | 千 **일천 천** | 里 **거리 단위 리**

안 중 지 정
眼中之釘

눈에 박힌 가시 같다.

《신오대사》

세상을 살면서 눈엣가시 같은 사람을 만나지 않는 것은 인생의 행운
일 것입니다. 반대로 내가 다른 사람의 눈에 박힌 가시, 안중지정 같은
존재로 살고 있지는 않는지 생각해봅시다.

眼 눈 안 | 中 가운데 중 | 之 의 지 | 釘 못 정

견 리 사 의
見利思義

이익을 보면
옳고 그름을
생각해야 한다.

《논어》

눈앞에 이익이 있어도 그 이익이 정당한지 불의한지 생각해야 합니다. 뇌물을 받고 양심을 팔고 의롭지 못하게 부를 축적하는 사회에서, 옳음을 먼저 하고 이익을 뒤로 하라는 선의후리先義後利의 윤리가 더욱 절실하게 다가옵니다.

見 볼 견 | 利 이로울 리 | 思 생각 사 | 義 옳을 의

기 천 하 기 폐 사
棄天下 棄敝蹝

천하를 버리기를
헌신짝 버리듯이 하라!

《맹자》

인륜과 법이 부딪히면 어떤 것을 선택해야 할까요? 맹자는 인륜을 지키기 위해서는
공인으로서 자신의 자리를 과감하게 버릴 줄도 알아야 한다고 말합니다. 인륜과 법의
충돌, 그 사이의 절묘한 해법이 아닐 수 없습니다.

棄 버릴 기 | 天 하늘 천 | 下 아래 하 | 敝 해질 폐 | 蹝 짚신 사

지 자 불 언
知者不言

진정 아는 사람은
말이 없다.

《도덕경》

정말 말 많은 세상입니다. 어떻게 해야 한다고 하는 말도 많고 하지 말라는 말도 많습니다. 그러나 변화는 자발적으로 이루어져야 합니다. 말을 줄이고, 내 주장을 줄이고, 내 의도를 버릴 때 오히려 변화가 쉽게 올 것입니다.

知 알 지 | 者 사람 자 | 不 아니 불 | 言 말씀 언

합 본 작 주
合本作酒

자본을 합쳐
술을 만든다.

《소부》

갑과 을이 함께 술을 만들기로 했는데, 갑이 말했습니다. "나는 물을 준비할 테니 그대는 쌀을 준비하시게. 술이 익으면 나는 물을 가지고 남은 쌀은 그대가 가지면 되지 않겠는가?" 남의 손해로 나의 이익을 바라는 것은 돈을 버는 올바른 자세가 아닙니다.

슴 합할 합 | 本 근본 본 | 作 지을 작 | 酒 술 주

응 형 무 궁
應形無窮

무한히 변하는 상황에서는
자신의 모습을 변화하라!

《손자병법》

상황은 매일같이 변화하는데 어제 승리했던 방법에 도취되어 새로운 전략으로 대응하지 않는다면 그 승리를 잃을 수 있습니다. 지금 승리하고 있는 조직이라면 자신을 낮추고 상황의 변화에 유연하게 대처해야 합니다.

應 응할 응 | 形 모양 형 | 無 없을 무 | 窮 다할 궁

군 의 막 불 의
君義莫不義

임금이 의로우면
신하가 모두 의롭다.

《맹자》

지도자가 어떤 철학을 가지고 조직을 이끄느냐에 따라 조직 전체의 분위기가 바뀝니다. 시대에 적합한 철학과 비전을 가진 사람이 리더가 되는 것이 무엇보다도 중요한 이유입니다.

君 임금 군 | 義 옳을 의 | 莫 없을 막 | 不 아니 불

등 태 산 소 천 하
登泰山小天下

태산에 오르니
천하가 작구나.

《맹자》

어디에서 세상을 보느냐에 따라 세상의 크기가 달라집니다. 동네 뒷산에 올라가면 동네라는 공간밖에 보이지 않죠. 우리가 더 큰 세상으로 나아가는 것은 더 큰 세상과 만나기 위함입니다. 새로운 곳으로 향할 때 더 많은 것을 얻을 수 있습니다.

登 오를 등 | 泰 클 태 | 山 뫼 산 | 小 작을 소 | 天 하늘 천 | 下 아래 하

경 이 원 지
敬而遠之

공경하되
거리를 둔다.

《논어》

공자가 생각하는 이상적인 지도자는 백성이 원하는 것을 이뤄주는 위민爲民의 지도자
였습니다. 그러나 만약 백성이 합리적이지 않으면 어떻게 해야 할까요? 마냥 백성의
요구를 들어줄 수 없을 때, 그 뜻을 공경하되 일정한 거리를 두는 경이원지의 지혜를
발휘해야 합니다.

敬 공경 경 | 而 말 이을 이 | 遠 멀 원 | 之 어조사 지

인 자 여 사
仁者如射

어진 사람은
활쏘기와 같다.

《논어》

인仁이란 무엇일까요? 공자는 궁수가 목표를 적중시키지 못하면 모든 책임을 자신이 지듯, 인자는 모든 책임을 자신에게 묻는 사람이라고 말합니다. 인자는 바로 책임을 질 줄 아는 사람입니다.

仁 어질 인 | 者 사람 자 | 如 같을 여 | 射 쏠 사

권 권 복 응
拳拳服膺

받들어 가슴속에
깊이 지킨다.

《중용》

하루하루를 되는대로 사는 것이 아니라 늘 인생의 의미를 간직하고 되새긴다면 진정 권 권복응의 자세로 산다고 할 수 있습니다. 꿈도 희망도 모두 사라졌다고 한탄하는 요즘, 가슴에 뜨거운 열정과 넘치는 에너지를 품고 사는 사람이 많아지기를 기대해봅니다.

拳 정성껏 지킬 권 | 服 옷 복 | 膺 가슴 응

허 심 실 복
虛心實腹

마음을 비우고
배를 채워라.

《도덕경》

세상에는 비울 것도 많고 줄일 것도 많습니다. 마음에 욕심이 가득
차면 머리가 무거워집니다. 머리가 무거워지면 결국 중심을 잃고
쓰러지기 마련입니다. 무게중심을 아래로 낮춰라! 노자의 마음 비
우기 철학입니다.

虛 빌 허 | 心 마음 심 | 實 채울 실 | 腹 배 복

견 금 여 석
見金如石

황금을 보기를
돌처럼 하라!

최원직

이 유명한 글귀는 최영 장군의 아버지가 최영 장군에게 당부한 말입니다. 최영 장군은
이 말을 종신토록 기억해 높은 지위에 올라서도 권력을 이용해 재물을 탐하지 않았다
고 합니다. 견금여석, 실천하기 쉽지 않지만 항상 가슴에 품어야 할 말입니다.

見 볼 견 | 金 황금 금 | 如 같을 여 | 石 돌 석

동 가 식　서 가 숙
東家食 西家宿

동쪽 집에서 먹고
서쪽 집에서 잔다.

《한거만록》

신의보다는 실리와 이익을 위해서 하루에도 몇 번씩 마음을 바꾸는 삶의 방식에 익숙
하지는 않으십니까? 적어도 지난날 신의를 맺은 사이라면 명분도 품위도 없이 무조건
비난하고 호도하지는 말아야 할 것입니다.

東 동녘 동 | 家 집 가 | 食 먹을 식 | 西 서녘 서 | 宿 잘 숙

^{군 자 거 이 사 명}
君子居易俟命

군자는 평범한 자리에서
운명을 맞이한다.

《중용》

군자는 일상의 삶을 살면서 자신에게 다가오는 운명이 어떤 것이든 담담하게 받아들이고, 그 운명에 맞는 최적의 대처법을 찾아내는 사람입니다. 평범한 자리에서 운명을 맞이할 수 있다면 인생에 휘둘리지 않고 당당하게 사는 사람이라 할 것입니다.

君 임금 군 | 子 사람 자 | 居 살 거 | 易 쉬울 이 | 俟 기다릴 사 | 命 목숨 명

^{진 불 구 명}
進不求名

진격함에 명예를
구하고자 하지 말라.

《손자병법》

세상을 살다 보면 앞으로 나아가야 할 때도 있고, 뒤로 물러나야 할 때도 있습니다. 남의 칭찬과 비난에 연연하지 않고 오로지 조직의 생존을 기준으로 진퇴를 결정하는 것이야말로 소신과 소명의식을 가진 지도자의 모습입니다.

進 나아갈 진 | 不 아니 불 | 求 구할 구 | 名 평판 명

^{성 문 실 화 화 급 지 어}
城門失火 禍及池魚

성문에 불이 나면 연못의 물고기가 피해를 본다.

《풍속통의》

옛날 어느 성문에 불이 나자 옆에 있는 연못의 물을 길어다가 뿌렸더니 불은 껐지만 연못의 물이 말라 물고기들이 죽었다고 합니다. 성문에 난 불 때문에 물고기가 죄 없이 죽을 이유는 없습니다. 다 타기를 기다려 새롭게 성문을 만들면 됩니다.

城 성 성 | 門 문 문 | 失 잃을 실 | 火 불 화 | 禍 재앙 화 | 及 미칠 급 | 池 연못 지 | 魚 물고기 어

신 이 후 간
信而後諫

신뢰가 있은 후에
충고하라.

《논어》

충고는 받아들이는 사람보다 하는 사람의 자세가 더욱 중요하다고 합니다. 아무리 옳은 말이라 하더라도 듣는 사람은 자신을 비방한다고 생각할 수 있기 때문입니다. 상대방을 위해서 하는 충고라면 먼저 상호 간의 신뢰가 필요합니다.

信 믿을 신 | 而 말 이을 이 | 後 뒤 후 | 諫 간할 간

_{대 덕 수 명}
大德受命

큰 덕을 베풀면
하늘이 천명을 내린다.

《중용》

인간은 누구나 위대한 능력을 가지고 태어났고, 그 능력을 잘 개발하여 세상을 위해 베풀고 나누면 반드시 천명이 내린다는 뜻입니다. 긍정의 태도로 내 능력을 확신하고 최선을 다한다면 하늘은 결코 무심히 지나치지 않을 것입니다.

大 클 대 | 德 덕 덕 | 受 받을 수 | 命 목숨 명

_{장 수 선 무}
長袖善舞

소매가 길면
춤도 잘 춘다.

《한비자》

자금이 풍부하지 못하면 사업에 대해 자신감이 위축되고 판단이 흐려질 수 있습니다. 반대로 조직의 내실을 키우면 외부 문제에 현명하게 대처할 수 있지요. 묵묵히 내실을 키우며 사업을 알차게 키워나가는 것이 중요하다는 뜻입니다.

長 길 장 | 袖 소매 수 | 善 잘할 선 | 舞 춤출 무

치 망 설 존
齒亡舌存

이는 빠져도
혀는 남아 있다.

《설원》

노자는 나이가 들면 딱딱한 이는 빠지지만 부드러운 혀는 끝까지 남는다고 말합니다.
살다 보면 강해야 할 때도 있지만 부드러워야 할 때도 있습니다. 부드럽고 유연한 자
세로 현명한 답을 찾아낼 수 있을 것입니다.

齒 이 치 | 亡 망할 망 | 舌 혀 설 | 存 있을 존

반 구 저 신
反求諸身

돌이켜 나에게
그 책임을 물어라.

《중용》

세상의 모든 잘못이 나에게 있다고 생각하는 자세는 아름답습니다. 남을 탓하거나 원망하기보다 자신을 먼저 돌아보는 것이 진정 책임질 줄 아는 사람의 모습입니다. 우리에게도 모든 책임은 나에게 있다는 군자의 마음 가짐이 필요합니다.

反 돌이킬 반 | 求 구할 구 | 諸 어조사 저 | 身 몸 신

문 유 지 족
蚊有知足

모기에게도
만족과 행복이 있다.

《금루자》

미꾸라지는 한 줌의 흙탕물만 있어도 행복을 느끼는데, 인간은 자신을 망가뜨려가면서까지 탐욕을 추구합니다. 만족에는 기준이 없습니다. 지금 나만의 행복을 느끼며 살고 있는지 돌아보아야 할 때입니다.

蚊 모기 문 | 有 있을 유 | 知 알 지 | 足 만족할 족

물 유 본 말
物有本末

사물에는
근본과 말단이 있다.

《대학》

세상 어떤 것이든 처음 해야 할 일과 나중에 해야 할 일이 있습니다.
근본이 제대로 서지 않았는데 말단이 제대로 다스려지는 경우는 드
물지요. 선후를 아는 일이 이치를 알고 순리를 아는 일입니다.

物 사물 물 | 有 있을 유 | 本 근본 본 | 末 끝 말

인 생 초 로
人生草露

인생은 풀에 맺힌
이슬과 같다.

《한서》

어떤 권력도 영원하지 않습니다. 오히려 아침나절에 내린 이슬처럼 덧없는 것이기도 합니다. 이러한 권력과 인생에 대한 집착이 우리를 아프게 하고 병들게 합니다. 그저 물 흐르듯 살아가는 것이 아름다운 인생입니다.

人 사람 인 | 生 살 생 | 草 풀 초 | 露 이슬 로

격 안 관 화
隔岸觀火

언덕 건너에서
불구경한다.

《삼십육계》

본래 격안관화는 적이 분열되어 스스로 힘을 소진하기를 기다렸다가 공격하는 병법을 이릅니다. 이때 우리 내부의 불까지 그저 바라만 보고 있어서는 안 되겠지요. 내가 낸 불이 아니라며 책임을 회피하고 있지는 않은지 되돌아봐야 합니다.

隔 사이 뜰 격 | 岸 언덕 안 | 觀 볼 관 | 火 불 화

구 시 상 인 부
口是傷人斧

입에서 나온 말은
사람을 상처 내는
도끼가 될 수 있다.

《명심보감》

내 입과 혀를 잘못 사용하면 흉악한 무기처럼 상대방을 아프게 하고 결국 나를 파멸로 이끌 것이란 엄중한 경고입니다. 자신의 감정만을 앞세워 함부로 폭언을 쏟아낸다면 타인에게도 상처를 주지만 자신에게 돌아오는 상처도 작지 않을 것입니다.

口 입 구ㅣ 是 이 시ㅣ 傷 다칠 상ㅣ 人 사람 인ㅣ 斧 도끼 부

호 질 기 의
護疾忌醫

병을 숨기고 의원에게
보이지 않는다.

《통서》

아프면 병원에 가서 의사를 만나듯이 문제가 있으면 그 문제를 인정하고 전문가를 찾아야 합니다. 세상 모든 것을 나 혼자 해결할 수는 없습니다. 겸허하게 자기를 낮추고 제대로 된 전문가와 함께 해결방안을 모색하는 것이 진정으로 리더가 할 일입니다.

護 도울 호 | 疾 병 질 | 忌 꺼릴 기 | 醫 의원 의

거 사 물 의
去邪勿疑

사악함을 제거함에
한 치라도
의심하지 말라.

《서경》

사람들은 사악함을 필요악이란 말로 덮기도 하고, 안정이라는 명분으로 묵인하기도 합니다. 그러나 잘못된 것이 벌을 받지 않고 누구도 뉘우치지 않는다면 역사는 불의와 부정이 판치는 세상만을 기억할 것입니다.

去 제거할 거 | 邪 사악할 사 | 勿 말 물 | 疑 의심할 의

인 부 지 이 불 온
人不知而不慍

남이 알아주지 않더라도
성내지 말라.

《논어》

많은 사람들이 타인의 평가에 따라 흔들리곤 합니다. 오로지 부, 출세,
성공, 승리에만 몰두한 인생이라면 그것을 잃었을 때 흔들릴 수밖에 없
지요. 남의 기준에 끌려다니지 않는 독립형 인간, 이것이 공자가 말하
는 진정한 군자의 모습입니다.

人 사람 인 | 不 아니 부 | 知 알 지 | 而 말 이을 이 | 慍 성낼 온

만 장 회 도
慢藏誨盜

물건을 태만하게
두는 것은
도적질을 가르치는 것과 같다.

《주역》

어떤 문제가 발생하면 그 문제를 일으킨 사람을 먼저 비난하곤 합니다. 그러나 왜 그 사람이 문제를 일으킬 수밖에 없었는지도 따져봐야 합니다. 도둑을 탓하기에 앞서 혹시 내가 이런 상황을 만들지는 않았는지 살펴보아야 한다는 것입니다.

慢 태만할 만 | 藏 감출 장 | 誨 가르칠 회 | 盜 도둑 도

월 조 대 포
越俎代庖

도마를 넘어
주방 일을 대신하다.

《장자》

어떤 조직이든 각자 맡은 역할과 책임이 있습니다. 함부로 남의 업무에 참견하면 조직의 시스템과 균형이 깨지고 심지어 조직의 생존까지 위협할 수 있습니다. 각자 자신의 자리에서 최선을 다할 때 조직은 제 기능을 발휘해 원활히 돌아갑니다.

越 넘을 월 | **俎** 도마 조 | **代** 대신할 대 | **庖** 부엌 포

_{소 부 유 근}
小富由勤

작은 부자는
부지런함에서 나온다.

《명심보감》

열심히 노력하고 부지런히 살다 보면 비록 엄청난 부자는 못 될지언정 조그만 부자는
될 수 있을 것입니다. 작은 부는 인간의 노력과 근면한 삶의 태도에서 오는 것이기에
정당한 방법으로 재산을 모으는 일은 칭찬받고 존경받아야 합니다.

小 작을 소 | 富 부유할 부 | 由 말미암을 유 | 勤 부지런할 근

^{동 성 상 응}
同聲相應

같은 소리끼리는
서로 응한다.

《주역》

같은 길을 가는 사람은 아무리 캄캄한 어둠 속에서라도 만나게 되어 있습니다. 생각이 같고, 꿈이 같고, 삶의 방식이 같기 때문이죠. 좋은 사람과 마음을 맞추어 같은 길을 걷는 것이야말로 인생의 행복일 것입니다.

同 한가지 동 | 聲 소리 성 | 相 서로 상 | 應 응할 응

성 성 자
惺惺子

늘 자신을
경계하고자 하는
방울소리.

조식

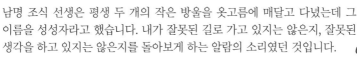

남명 조식 선생은 평생 두 개의 작은 방울을 옷고름에 매달고 다녔는데 그 이름을 성성자라고 했습니다. 내가 잘못된 길로 가고 있지는 않은지, 잘못된 생각을 하고 있지는 않은지를 돌아보게 하는 알람의 소리였던 것입니다.

惺 깨달을 성 | 子 아들 자

병 귀 신 속
兵貴神速

병사를 쓸 때는
신속함이 중요하다.

《손자병법》

신속함은 간과할 수 없는 전략입니다. 빠른 의사결정으로 변화하는 상황에 즉각 대응해 적을 무너뜨리는 것이 병가兵家에서 말하는 상책이지요. 승부의 세계에서 우아한 패배는 동정의 대상이 될지언정 경탄의 대상은 되지 못할 것입니다.

兵 병사 병 | 貴 중요할 귀 | 神 귀신 신 | 速 빠를 속

고 침 안 면
高枕安眠

베개를 높이 베고
편안히 잠든다.

《사기》

나라가 편안하고 아무런 위협이 없으면 백성들은 무탈히 살아갈 수 있습니다. 내가 일하는 곳이 가장 행복한 직장이며 내가 살고 있는 곳이 가장 안전한 곳이라고 믿게 해줄 수 있는 국가가 되어야 비로소 국민들이 편안히 잠들 것입니다.

高 높을 고 | 枕 베개 침 | 安 편안할 안 | 眠 잘 면

불 책 어 인
不責於人

사람에게 책임을
묻지 않는다.

《손자병법》

유능한 장군은 전쟁의 책임을 남에게 묻지 않습니다. 대신 사람을 제대로 뽑아 그들이 능력을 발휘할 수 있는 환경을 조성해주어야 하죠. 장군이 남 탓만 하고 있다면 전쟁의 승패는 자명할 것입니다.

不 아니 **불** | 責 꾸짖을 **책** | 於 어조사 **어** | 人 사람 **인**

천 지 지 지
天知地知

하늘이 알고
땅이 안다.

《십팔사략》

아무도 없는 곳에서 하는 행동이라고 해도 하늘이 알고, 땅이 알고, 또 내가 알고 있습니다. 세상 아무도 모를 것 같지만 결국 진실은 반드시 밝혀지기 마련이므로 청렴한 삶을 사는 자세가 필요합니다.

天 하늘 천 | 知 알 지 | 地 땅 지

^{만 천 과 해}
瞞天過海

하늘을 속이고
바다를 건너라.

《삼십육계》

신하는 주군이 잘못된 선택을 할 때 올바른 길을 제시하고 그 길로 갈 수 있도록 하는 사람입니다. 분명한 목표가 있다면 잠시 주군의 눈을 가려서라도 목표를 달성하는 것, 진정 주군을 모시는 신하의 당당함입니다.

瞞 속일 만 | 天 하늘 천 | 過 지날 과 | 海 바다 해

_{파 사 현 정}
破邪顯正

사악함을 깨뜨리고
정의가 드러난다.

《삼론현의》

파사현정은 부처님의 불법에 어긋나는 모든 사악함을 깨뜨리고 바른 불법으로 귀의한
다는 뜻입니다. 모든 부정과 불법을 물리치고 좋은 세상을 만들자는 의미이지요. 이렇
듯 정의가 살아 있는 세상이 되기를 기원해봅니다.

破 깨뜨릴 파 | 邪 사악할 사 | 顯 드러날 현 | 正 바를 정

화 이 부 동
和而不同

화합하되 같음을
강요하지 않는다.

《논어》

화합은 공동의 목표를 추구하고 꿈을 공유하는 것입니다. 다만 그 때문에 똑같기만을
강요해서는 안 됩니다. 오로지 같음만을 강요하면 소통이 단절되고 맙니다. 같은 것을
추구하되 다양한 개별의 소리는 인정해야 합니다.

和 **화할 화** | 而 **말 이을 이** | 不 **아니 부** | 同 **한가지 동**

불 음 도 천
不飮盜泉

도둑이라는 이름의
샘물은 마시지 않는다.

《회남자》

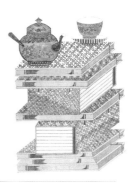

공직에 들어선 사람이라면 돈을 벌고자 하지 말고 내가 가진 뜻을 펼치는 일에 매진해야 합니다. 불음도천, 비단 공직자뿐 아니라 모두가 신조로 삼을 만한 말입니다.

不 아니 불 ┃ 飮 마실 음 ┃ 盜 도둑 도 ┃ 泉 샘 천

입 경 문 속
入境問俗

그 나라에 들어가면
그 나라의 풍속을 물어라.

《한비자》

어느 지역에 처음 간다면 그 지역의 풍속을 미리 알고 가야 할 것입니다. 다른 나라, 다른 조직과 일할 때도 그곳 사정을 정확히 안다면 융통성을 발휘할 수 있지요. 미리 상황을 파악한다는 것은 어떤 위기에서도 벗어날 수 있다는 뜻입니다.

入 들 입 | 境 경계 경 | 問 물을 문 | 俗 풍속 속

의 금 상 경
衣錦尙絅

비단옷을 입고
그 위에 홑옷을 걸친다.

《시경》

성공해 비단옷을 입었더라도 으스대기만 한다면 다른 사람에게 축하받기 어려울 것입니다. 대신 겸손한 자세로 주변 사람과 만난다면 그 성공은 시간이 갈수록 더욱 빛나겠지요. 군자는 당장 눈에 띄지는 않아도 은은히 빛나는 사람입니다.

衣 옷 의 │ 錦 비단 금 │ 尙 더할 상 │ 絅 홑옷 경

초 윤 장 산
礎潤張傘

주춧돌이 젖어 있으면
우산을 펼쳐라.

《한비자》

큰 병이 나기 전에 잔병이 있듯이 세상의 어떤 일도 예고 없이 일어나지 않습니다. 주춧돌이 젖은 것처럼 조그만 조짐을 잘 알아차려 대비책을 마련하면 그만큼 위험이 줄어들 것입니다. 일이 커지면 막으려 해도 막을 수 없습니다.

礎 **주춧돌 초** | 潤 **젖을 윤** | 張 **베풀 장** | 傘 **우산 산**

심 격 천 산
心隔千山

서로의 마음을
천 개의 산이
가로막고 있다.

《명심보감》

마주하고 이야기를 나누고 있음에도 거리감을 느끼는 이유는 서로가 진심을 보여주지 않았거나 따뜻한 사랑과 배려가 없었기 때문입니다. 마음이 통하지 않는다고 말하기 전에 서로를 진심으로 대하고 있는지를 먼저 고민해보아야 합니다.

心 마음 심 | 隔 막을 격 | 千 일천 천 | 山 뫼 산

^{차 도 살 인}
借刀殺人

남의 칼을 빌려
상대를 제거하라.

《삼십육계》

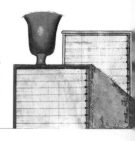

유능한 사람은 갈등 해결 과정에서 자신의 역할을 최소한으로 줄인다고 합니다. 직접 상대에게 접근하다 보면 갈등과 반목이 커질 수 있기 때문입니다. 목표를 달성하기 위해 남의 힘을 빌리는 것도 하나의 방법입니다.

借 **빌릴 차** | 刀 **칼 도** | 殺 **죽일 살** | 人 **사람 인**

천 도 무 친 상 여 선 인
天道無親 常與善人

하늘의 도는 친한 것이 없나니
항상 착한 사람에게 복을 준다.

《도덕경》

행복과 불행이란 그저 그 사람이 어떻게 살고 있느냐에 달려 있을 뿐 하늘이 특별히 누구를 편애하거나 운명이 정해져 있어서 그런 것이 아닙니다. 사람이 착하게 살면 좋은 일이 생길 수밖에 없다는 뜻입니다.

天 하늘 천 | 道 길 도 | 無 없을 무 | 親 친할 친 | 常 항상 상 | 與 줄 여 | 善 착할 선 | 人 사람 인

조 삼 모 사
朝三暮四

아침에 세 개,
저녁에 네 개.

《장자》

장자는 좋은 인생, 나쁜 인생이 따로 있는 것이 아니라 결국 그 합은 같다고 말합니다.
남보다 먼저 부귀를 얻은 사람은 말년에 고민거리가 생기고, 어려서 남보다 고생한 사람은 말년에 행복이 기다린다는 것이지요.

朝 아침 조 | 三 석 삼 | 暮 저녁 모 | 四 넉 사

불 영 통 불 추 궁
不榮通 不醜窮

출세해도 영광이 아니며
실패해도
부끄러워하지 말라.

《장자》

인생을 살다 보면 성공할 때도 있습니다. 그렇다고 교만하여 본연의 모습을 잃어서는 안 됩니다. 마찬가지로 불행과 곤궁한 상황을 만나더라도 부끄러워할 이유가 없습니다. 출세와 곤궁이 나에게 어떤 영향도 끼치지 않는다는 강인한 인생철학입니다.

不 아니 불 | 榮 영화 영 | 通 통할 통 | 醜 부끄러울 추 | 窮 궁할 궁

일 월 무 망
日月無忘

날마다 달마다 점검하여
배운 것을 잊지 말라.

《논어》

아무리 많이 배워도 그 배움이 나에게 남아 있지 않다면 배움이 아닙니다. 지식 자체를 오래 기억하는 것도 중요하지만 실천 또한 중요합니다. 배움을 실천하지 않는다면 지식은 그저 헛될 뿐입니다.

日 날 일 | 月 달 월 | 無 없을 무 | 忘 잊을 망

주 관 탈 지
做官奪志

관직에 오르면
뜻을 빼앗기게 된다.

《근사록》

권력의 달콤함에 취하고 이권의 유혹에 물들면 초심을 잃게 되는 경우가 많습니다. 자신의 이름을 알리고자 뜻을 잃기도 하고, 돈이나 지위에 유혹당해 뜻을 잃기도 하지요. 초심을 잃지 않아야 어떤 일이든 제대로 해나갈 수 있을 것입니다.

做 될 주 | 官 관직 관 | 奪 빼앗길 탈 | 志 뜻 지

욕 금 고 종
欲擒姑縱

잡고 싶으면
먼저 놓아주라.

《삼십육계》

진짜 현명한 사람은 얻기 전에 줄 줄 아는 사람입니다. 상대방을 먼저 배려하면 그 배려는 반드시 존중이 되어 돌아옵니다. 결국 세상은 내가 잡으려 한다고 잡히는 것이 아니라 오히려 내려놓았을 때 다가온다는 역설입니다.

欲 하고자 할 욕 | 擒 잡을 금 | 姑 먼저 고 | 縱 놓을 종

개 물 성 무
開物成務

자신 안에 있는
위대한 능력을 개발하여
최대한 발휘하라!

《주역》

우리는 주변 사람들을 보면서 쓸모 있는 사람과 쓸모없는 사람으로 구별하곤 합니다. 그러나 능력을 발휘할 때를 만나고 능력을 일깨워 줄 사람을 만난다면 얼마든지 위대한 나로 변할 수 있습니다. 원래부터 무능하고 쓸모없는 존재는 없습니다.

開 열 개 | 物 만물 물 | 成 이룰 성 | 務 힘쓸 무

도 광 양 회
韜光養晦

빛을 감추고 어둠 속에서
실력을 길러라.

《삼국지연의》

빛을 보일 때가 아니라 어둠에 숨어 실력을 키워야 할 때가 있습니다. 함부로 칼을 뽑으면 주변의 눈길을 모으게 되고, 힘을 키워 완전한 성공을 이루기도 전에 망할 수 있기 때문입니다. 경계심과 절제를 잊지 말아야 합니다.

韜 감출 도 | 光 빛 광 | 養 기를 양 | 晦 그믐 회

관 천 세 심 금 일
觀千歲 審今日

천년 앞을 내다보려면
오늘을
잘 살펴야 한다.

《순자》

한 나라의 미래를 알려면 지도자가 지금 어떤 정치를 하고 있는지 살펴보아야 합니다. 개인도 마찬가지로 내가 지금 어떤 꿈을 가지고 사는지, 그 꿈을 실현하기 위하여 무엇을 하고 있는지가 결국 먼 훗날의 나를 결정합니다.

觀 볼 관 | 千 일천 천 | 歲 세월 세 | 審 살필 심 | 今 지금 금 | 日 날 일

진 화 타 겁
趁火打劫

남의 집 불난 틈을 타서
물건을 빼앗아라.

《삼십육계》

어렵고 무서운 세상입니다. 불난 집에 가서 자신의 냄비를 때우고, 남의 불행을 틈타 자신의 생존을 도모하는 힘든 세상에서 살아남으려면 정신 바짝 차릴 수밖에 없습니다.

趁 틈탈 진 | 火 불 화 | 打 칠 타 | 劫 빼앗을 겁

중 도 이 폐
中道而廢

가는 길에
몸이 쓰러지다.

《논어》

목표를 향해 매진하다가 중간에 힘들고 어렵다고 포기하는 경우가 있습니다. 그러나 기운이 다하여 몸이 쓰러지더라도 스스로 마음먹은 길을 포기하지만 않는다면 언젠가 그 목표에 가까워질 수 있습니다. 꿈을 위해 열과 성을 다하는 모습은 언제나 아름답습니다.

中 가운데 중 | 道 길 도 | 而 말 이을 이 | 廢 폐할 폐

_{비 위 부 전}
非危不戰

위기 상황이 아니면
싸우지 말라.

《손자병법》

감정의 불화 때문에 주변 사람과 갈등을 일으키고 서로 치명적인 상처를 주고받는다면 불행이 아닐 수 없습니다. 감정과 분노를 조절하고 철저하게 득실을 따져서 갈등에 대처해야 할 것입니다.

非 아닐 비 | 危 위태할 위 | 不 아니 부 | 戰 싸움 전

이제 일력을 반대쪽으로 돌려 사용해주세요.

7월